Charles HUMBERT

SÉNATEUR

Les Vœux de l'Armée

Nos Soldats — Nos Officiers
Notre Armement

LIBRAIRIE ❋ ❋ ❋
❋ ❋ UNIVERSELLE
PARIS ❋ ❋ ❋ ❋ ❋

LES

VOEUX DE L'ARMÉE

LES
VŒUX DE L'ARMÉE

NOS SOLDATS — NOS OFFICIERS

NOTRE ARMEMENT

PAR

CHARLES HUMBERT

SÉNATEUR

PARIS

LIBRAIRIE UNIVERSELLE

33, RUE DE PROVENCE, 33

AVANT-PROPOS

Tout le monde, en France, est soldat, — au moins sur le papier.

Exposer les besoins, les souffrances, les rêves modestes et les légitimes ambitions des hommes qui, pour un temps, portent l'uniforme de troupier, ou qui, pour toute une carrière qu'ils espèrent longue et brillante, ont revêtu la tenue d'officier, c'est entreprendre une œuvre utile entre toutes les autres, puisqu'elle vise, en rendant la patrie plus forte, à faire plus heureux ceux qui se dévouent pour elle.

On a pris beaucoup de dispositions et voté beaucoup de crédits, depuis quelques années, pour répartir plus équitablement les charges militaires, pour alléger la gêne et la misère qu'elles font peser sur les classes nécessiteuses et même pour atténuer les maux physiques et moraux qui naissent des rudes devoirs imposés aux générations successives de jeunes gens, dans la caserne ou dans les camps.

A-t-on fait tout ce qu'il fallait, tout ce qu'on aurait pu faire? — Je ne le crois pas, et c'est pour l'expliquer que j'ai écrit ce livre.

Non! Ni pour le bien-être matériel de nos simples soldats, ni pour leur santé, ni pour la satisfaction des vœux de leurs chefs, ni pour l'utile emploi de tant d'intelligences qui voudraient s'appliquer sans cesse à nous constituer une force irrésistible, — non, pour tout cela, nous n'avons pas entièrement rempli notre devoir!

Et il faut avoir enfin le courage de le dire.

Nos soldats sont-ils logés et soignés comme ils pourraient l'être?

Leur nourriture, pour l'amélioration de laquelle on a donné des ordres, écrit des circulaires et dépensé beaucoup d'argent, est-elle invariablement saine et suffisamment abondante?

On leur a fait cadeau d'assiettes pour prendre leurs repas; mais ont-ils partout et toujours des réfectoires?

Toutes les précautions sont-elles prises pour qu'aucune eau malsaine et pouvant propager des germes infectieux ne leur soit jamais distribuée?

Leurs casernes sont-elles chauffées, quand il gèle à pierre fendre?

Et, pour les efforts que l'on réclame d'eux en manœuvre, pour ceux plus grands encore que l'on exigerait en campagne, sont-ils vêtus et équipés de manière à pouvoir utilement combattre?..

Autant de questions auxquelles pas un homme au courant des choses de l'armée n'oserait répondre affirmativement.

Si des soldats je passe aux sous-officiers et aux officiers, ce n'est pas pis, mais ce n'est pas mieux.

Alors que nous avons besoin de nombreux sous-officiers rengagés et que, pour les retenir au corps, nous faisons luire à leurs yeux tant... et de si modestes avantages, nous ne tenons pas même envers eux les engagements pris : nous les parquons dans des dortoirs communs, au lieu de leur accorder l'humble chambre qui leur est due ; nous diminuons par des concurrences malhonnêtes la valeur des emplois qui leur ont été promis à leur retraite...

Quant aux officiers, leur avancement se trouve encore réglé par des mesures si maladroites, que devant eux se déroule un avenir interminable sans aucune chance d'amélioration à leur sort, — à moins que de propices recommandations ou des intrigues malséantes ne viennent les aider.

Notons d'ailleurs que les mêmes hommes, moins heureux et moins sûrs du lendemain que des bureaucrates, sont de plus en plus enlevés à leurs véritables occupations militaires pour verser dans la bureaucratie. Un lieutenant vit encore près de la troupe ; mais qui dit capitaine ou colonel, maintenant, dit « rond-de-cuir » à trois ou à cinq galons sur ses manches de lustrine.

Rond-de-cuir, le chef de compagnie ! Rond-de-cuir, le chef de corps ! Rond-de-cuir, le chef d'armée ! Rond-de-cuir, l'officier breveté sorti de l'Ecole de Guerre ! — Tous ronds-de-cuir !... L'armée française au xxe siècle vit sous l'empire de règlements surannés que l'on n'a essayé de rajeunir que pour les compliquer encore au lieu de les simplifier. Son fier drapeau est lourdement épinglé de paperasses sans nombre.

J'ai cru devoir aussi consacrer quelques chapitres à l'organisation de la gendarmerie et à cette armée coloniale, si vaillante et si belle, — mais qui ne sera ni moins belle ni moins vaillante quand, sortie de la période transitoire où elle vit depuis son rattachement au ministère de la Guerre, on la fusionnera bravement avec l'armée métropolitaine.

J'envisage enfin quelques questions relatives à notre armement.

Dans tout ce qu'on va lire, comme en tout ce que j'ai dit précédemment, soit à la tribune, soit dans la presse, je vise uniquement à améliorer, avec le sort des soldats, la valeur de l'armée.

Nulle préoccupation de personnes! Nul aveuglement de parti! C'est pour la France et pour la France seule que je travaille.

A la République, qui en est désormais inséparable, de réaliser au plus tôt les progrès nécessaires et d'effacer les derniers abus!

C'est le vœu de l'Armée.

C. H.

LES
VOEUX DE L'ARMÉE

PREMIÈRE PARTIE
Nos soldats.

I

COMMENT ON LES LOGE. COMMENT ON LES SOIGNE

Parmi toutes les idées simples et justes qu'une République a le devoir de dégager successivement des routines du passé, afin de réaliser peu à peu tous les progrès nécessaires, il en est une qui n'a pas encore été sérieusement examinée en France, ou du moins que l'on s'est borné, jusqu'à présent, à noter au passage, sans tenter aucun effort pour l'étudier et l'appliquer entièrement.

On a fait des sacrifices considérables et justifiés, certes, par les considérations les plus hautes, pour entourer l'enfance des meilleures conditions hygiéniques, dans les écoles primaires des moindres villages et dans les établissements secondaires des grandes villes ; on a considéré, d'autre part, que la société, si elle a le droit de punir les malfaiteurs, se doit à elle-même de les protéger jusqu'au fond des cellules les plus infamantes contre les promiscuités malsaines, et nous avons vu s'élever des prisons modèles où le crime trouve d'agréables villégiatures, avec le gaz ou l'électricité à tous les étages, des murs lavables, des planchers aseptiques et le tout à l'égout, comme il convient...

Mais nos soldats, qui n'ont commis d'autre crime que d'avoir vingt ans et de porter les armes pendant la plus radieuse période de leur vie pour apprendre à protéger leur pays, nous continuons à les loger dans des sentines infectes, et notre sollicitude pour eux se borne à changer la forme d'un balai, à augmenter le nombre des cruches de chambrée ou à leur donner des assiettes pour prendre leurs repas.

Parmi tous les concours d'architecture ouverts depuis un quart de siècle pour loger les divers clients de l'Etat, je vois bien qu'on a donné de belles primes aux concurrents qui présenteraient les meilleurs plans « d'une école », « d'un entrepôt », « d'une mairie », « d'une prison », « d'un palais de beaux-arts », ou d'autres monuments encore, destinés à nos besoins ou à nos plaisirs :

mais je n'ai jamais vu que l'on eût proposé à l'in-
géniosité de nos constructeurs le problème de la
meilleure caserne à édifier.

Il y a pourtant cinq cent mille jeunes gens de
France qui pourraient profiter d'une telle au-
baine, et comme ils se renouvelleront désormais
tous les ans par moitié, comme les appels périodiques de réservistes et de territoriaux doublent
à peu près chaque année l'effectif des habitants
passagers des locaux de la Guerre, il semble
qu'on aurait pu, sans exagération de sensibilité
humanitaire, s'inquiéter un peu de garantir à ces
légions de citoyens, qui constituent notre sauvegarde et qui sont notre espérance, des demeures
saines et d'efficaces protections contre la maladie.

C'est très bien de construire un peu partout des
hôpitaux où toutes les prescriptions de la science
moderne sont observées, afin de recueillir et de
soigner les gens qui sont trop pauvres pour appeler le médecin chez eux; mais ne serait-il pas
également louable de conserver la santé aux
paysans, aux ouvriers, aux étudiants, aux travailleurs de toutes les classes, dont le pays s'empare
dès qu'ils ont acquis assez de force pour le
servir ?

Cette force et cette santé, que l'on a soigneusement constatées et mesurées, dans le conseil
de révision, avant de déclarer les conscrits bons
pour le service et de leur mettre un uniforme sur

le dos, n'est-il pas de l'intérêt général qu'elles
soient gardées et entretenues? Si la République a
pris charge d'âmes et de corps en recevant dans
ses classes les enfants de l'école primaire; si elle
tient à honneur de traiter avec une bienveillance
ultra-généreuse les détenus de ses prisons, n'a-
t-elle donc pris aucun engagement du même
genre envers les braves garçons et les irréprochables défenseurs qu'elle groupe sous ses drapeaux?

Nous verrons tout à l'heure comment ils sont,
en général, installés dans les bâtiments, vieux ou
neufs, où nous les avons parqués; nous vérifie-
rons comment les prescriptions édictées par les
hygiénistes sont observées en ce qui les concerne;
mais tout d'abord je tenais à insister sur ce point
que, jamais, nous n'avons essayé de faire pour
eux ce que nous avons réalisé à grands frais,
ailleurs, non seulement pour la masse innocente
de ces écoliers que nous confient leurs familles,
mais aussi pour les plus coupables et les moins
intéressants de nos concitoyens.

Si, par un coup de baguette, on pouvait transporter en une seule nuit un de nos régiments de
Paris ou de province, de la caserne où il est
logé, dans cette maison de Fresnes où des condamnés subissent leur peine, et réciproquement,
ce serait, le lendemain matin au réveil, nos troupiers qui se trouveraient comme des coqs en

pâte et nos bons apaches qui, pour la première fois, se croiraient en prison.

Il y a là un scandaleux oubli de notre devoir et en même temps une véritable imprudence; car, sans même parler du mécontentement qui peut naître à la longue dans l'esprit des soldats, à voir que l'on n'a pas autant de souci de leur bien-être que de celui des bandits, c'est toujours une faute grave pour un gouvernement, de paraître ignorer quels égards et quelle affection il doit aux honnêtes gens, avant de s'occuper des autres.

* * *

Je n'ai pas l'intention, cela va sans dire, de passer ici, en revue, pour appuyer mes dires, toutes les casernes où, du Nord au Midi et de l'Est à l'Ouest, croupissent nos régiments. Ce serait là, d'abord, une besogne horriblement fastidieuse, répugnante, et je suis sûr, en outre, que les souvenirs et les renseignements particuliers de tous ceux qui me lisent compléteront sans peine le tableau que je ne puis qu'ébaucher.

Mais sans parler en détail de toutes les casernes de l'armée française, il est un point sur lequel je puis dire qu'elles se ressemblent unanimement : c'est qu'elles manquent d'eau.

Entendons-nous! Je sais très bien qu'il y en a

où la canalisation est suffisamment installée, où le
nombre des lavabos pourrait être assez grand, où
les bains et les douches nécessaires à la santé ou
à la propreté des hommes trouveraient à s'alimenter aussi abondamment que possible ; mais
lorsque, par hasard, ces conditions favorables se
trouvent réunies, les règlements les plus absurdes
et la parcimonie moins explicable se réunissent
pour interdire le « gaspillage » de l'eau. Les
robinets sont ouverts tout juste le temps qu'il
faut (et même un peu moins) pour que chaque
homme puisse recueillir sur un coin de sa serviette
les quelques gouttes indispensables, s'il veut se
débarbouiller.

Mais en revanche, on connaît des casernes où
il n'y a pas d'eau du tout, et d'autres où l'eau qui
coule est tellement... propre qu'elle est une
source d'épidémies.

M. Clemenceau rapportait à ce propos au
Sénat, le 12 mars 1903, une anecdote des plus
caractéristiques :

« Une épidémie de fièvre typhoïde éclatait, il
y a quelques années à Melun. Immédiatement, on
s'est dit : il faut bâtir une caserne neuve. —
J'ignore si on a essayé d'assainir l'ancienne.
— On a donc bâti une caserne superbe.

« Si vous voulez prendre la peine de faire le
voyage pour la voir, vous vous demanderez à quoi
elle peut servir : il n'y a pas d'eau ! Peut-être

quelqu'un a-t-il eu le tort de bâtir une caserne
dans un endroit où il n'y a pas d'eau. Eh bien !
cherchez-le, cet homme, et vous le trouverez
surdécoré et surgradé, comme les autres. »

Pourquoi, en effet, n'aurait-on pas « surdécoré
et surgradé » le fonctionnaire chargé de cette
construction, puisqu'il avait fait une belle façade ?
N'est-ce pas l'important ? Depuis quand doit-on
s'occuper davantage, en France, du bien-être et
de la santé des soldats que du style des immeu-
bles ?

« Que demain, ajoutait M. Clemenceau, une
nouvelle épidémie sévisse à Melun dans l'ancienne caserne à fièvre typhoïde, pendant que
la belle caserne d'en face, faute d'eau, sera vide,
ce n'est pas à la municipalité de Melun que je
m'en prendrai : c'est à M. le ministre de la
Guerre, c'est au Gouvernement. »

C'est une consolation de penser que l'éminent
sénateur du Var, qui s'exprimait, il y a quatre
ans, avec cette louable énergie, est aujourd'hui
président du Conseil des ministres et que, si un
heureux mouvement se dessinait enfin en faveur
d'une amélioration décisive du logement de nos
troupes, nous l'aurions pour approbateur et pour
collaborateur tout-puissant.

N'est-ce pas lui, encore, qui disait dans le
même discours :

« Il y a des faits qui restent acquis : il est

entendu que la mortalité dans l'armée française
est triple, a dit M. le ministre de la Guerre, de la
mortalité dans l'armée allemande. Et M. le doc-
teur Labbé nous a dit que la *morbidité* allemande
est égale à la *mortalité* française, ce qui veut
dire que pour tout malade dans l'armée allemande, il y a un mort dans l'armée française. »

Un seul chiffre, au surplus, suffira pour montrer si l'on a quelques raisons de s'inquiéter : en
douze ans, nous avons eu dans l'armée 141 000
malades de la fièvre typhoïde et 21 000 morts, —
c'est-à-dire à peu près l'effectif de deux divisions. Et c'est en présence d'une telle situation
sanitaire que nous négligerions de prendre les
précautions les plus simples pour préserver désormais nos soldats ?

Si, de Melun, je passe à Rouen, voici ce que je
trouve :

Les chambrées, à peine suffisantes pour conte-
nir le nombre d'hommes qu'on y fait vivre, ne
peuvent être lavées. Elles doivent être balayées
au « faubert »; mais l'eau manque, la poussière
est soulevée de toutes parts et répandue sur les
lits, sur les planches, sur les vêtements, *sur le
pain,* au lieu d'être enlevée. Les hommes sont
obligés de s'y tenir beaucoup plus qu'ils ne
devraient, faute de locaux de réunion et même
quelquefois faute de réfectoire, — car il a fallu
supprimer ceux-ci pour gagner de la place !

Les bains-douches organisés selon le règlement sont si mal installés qu'on y patauge dans la boue et qu'on en sort plus sale qu'on y est entré.

Les soldats ne peuvent se laver à leur volonté. Il existe des heures réglémentaires pour l'ouverture et la fermeture des robinets d'eau (le gaspillage !) Tant pis si, en dehors de ces heures, on éprouve le besoin de se laver les mains!

Je n'ose insister sur la disposition surannée, antédiluvienne (c'est le cas de le dire) des latrines, sur leur malpropreté, dont doivent rougir tous ceux, parmi les officiers et les médecins militaires, qui estiment que la caserne pourrait et devrait servir d'école d'hygiène pour tous les jeunes Français.

M. Clemenceau, qui s'est occupé aussi des casernes de Rouen, a constaté en ces termes saisissants ce qu'il y avait vu, — et ce qu'on y peut voir encore maintenant :

« *Casernement*. — Insuffisance de place. Lits serrés les uns contre les autres. Il est arrivé à plusieurs reprises, après l'arrivée de la classe, que des centaines d'hommes ont été obligés de coucher sur des paillasses étendues à terre, entre les lits de leurs camarades. Si bien que, pendant la nuit, les hommes enrhumés (tuberculeux peut-être) éclaboussaient de leurs crachats ceux qui dormaient au-dessous d'eux !... »

I.

Cela existe encore, au moment où j'écris, à la caserne de l'Ecole Militaire, à Paris, où 150 hommes doivent dormir sur de la paille, faute, cette fois, non pas de place, sans doute, mais de literie à leur donner!

Est-il nécessaire d'insister bien longuement sur ce que doit être l'atmosphère de ces pièces où le pauvre bétail humain est de la sorte entassé pendant les heures de « repos »; où toutes les besognes de l'astiquage doivent s'accomplir, — puisqu'il n'y a pas de local séparé, comme on l'a si souvent promis, pour y procéder, — où les troupiers doivent manger leur soupe, depuis qu'ils ont dû renoncer à posséder un réfectoire comme en d'autres villes; où ils fument, où ils crachent?

Le règlement intérieur ordonne que chaque chambrée disposera d'un double jeu de cruches, l'une se remplissant au filtre, l'autre à la disposition des hommes. « Ces récipients, ajoute-t-il, seront munis d'un couvercle pour préserver le contenu des poussières de la chambre. On les rincera chaque jour rigoureusement avec de l'eau filtrée et chaque semaine avec de l'eau bouillante. »

Malgré ces recommandations, malgré ces ordres très sages, vous pouvez aller dans les casernes de Rouen et de bien d'autres villes: vous n'y trouverez qu'une cruche par chambrée. Cette cruche, dont le couvercle, quand il existe,

ne ferme jamais hermétiquement, reçoit tour à
tour l'eau, le café du matin, le vin des distributions, le thé. Elle n'est jamais désinfectée. J'a-
joute que, le plus souvent, il n'y a pas de filtres.

C'est quand on trouve de pareilles conditions
réunies autour de ces grands enfants insouciants
et imprudents que sont nos soldats; c'est quand
on voit ces braves êtres livrés à toutes les
chances de contamination et de mort; que l'on
se souvient avec un peu de surprise des mille
précautions observées en d'autres lieux pour
protéger la vie des habitants! Les planchers
couverts de linoléum, et qu'un coup d'éponge
ou de « loque » assainit chaque fois qu'il est
nécessaire; des couchettes largement espacées
dans les dortoirs communs; des tables méticu-
leusement nettoyées pour le repas; de l'eau à
foison... tel est le logement réservé aux hommes
qui ont eu maille à partir avec les tribunaux
correctionnels, tandis que nos pioupious de Paris,
de Lyon, de Rouen, de Melun, de Clermont et
d'ailleurs vivent dans la poussière, sans place,
sans air et sans eau. !

*
* *

Mais je veux quitter Rouen, où M. Clemenceau
a vraiment tout vu et tout dit, pour d'autres villes
où sans doute je trouverai du nouveau, car les

régiments en garnison dans ces villes ont, je le sais, des chefs soucieux de la santé de leurs hommes et appliqués à la protéger sans cesse. Nous allons voir ce que, par leur seule initiative, ils auront pu améliorer dans les casernements, et ce qu'il manque encore pour que nous n'ayons pas trop à rougir.

Voici, à Brest, le 2e régiment d'infanterie coloniale, qui est réparti entre l'île d'Ouessant (3 compagnies), les baraquements de Bertheaume (2 compagnies) et la caserne Fautras (état-major et 7 compagnies). La contenance normale de ces divers casernements était déjà de beaucoup dépassée, à la fin du mois d'août 1907, par l'effectif des soldats à loger, et lorsque 763 réservistes arrivèrent encore, par surcroît, il fallut les entasser comme on put, *à l'abattoir municipal* (2 compagnies) et à l'ancienne chapelle de la Marine (1 compagnie). Je laisse à penser si les règles de l'hygiène furent le moins du monde respectées en pareille occurrence !

Mais cela dura peu de temps ; il faisait beau, par hasard, et la philosophie de nos troupiers aidant, tout se passa néanmoins sans trop de souffrance. Examinons donc seulement le logis ordinaire du régiment, la caserne Fautras, qui devrait abriter 106 sous-officiers et qui en contient 152 ; où l'on devrait coucher 934 hommes et où l'on en *fourre* 1.242.

C'est une vieille bâtisse humide, à couloirs étroits, ruisselant le salpêtre en hiver, à chambres minuscules, à plafonds bas. Elle a été construite en 1730 et agrandie en 1777 à la suite d'un vote de 290.000 livres de subsides par les Etats de Bretagne. Les combles sont inutilisables, faute de couverture suffisante et de moyens de chauffage.

L'infirmerie est au milieu des logements de troupe et il est impossible de l'en isoler complètement.

Malgré les travaux récents effectués par le génie, les sous-officiers du régiment, qui sont tous rengagés, ne sont pas encore logés seuls, conformément à la loi ; mais ils le seront du moins par 3 ou 4 au maximum, alors qu'au début de l'année ils l'étaient encore par 8 ou 10 et même jusqu'à 20 dans une même chambre !

J'ai demandé aux officiers de ce régiment ce qu'il faudrait faire encore, à leur avis, pour rendre logeable cette triste maison. Voici le résumé de ce qu'ils m'ont répondu :

1° Installation de nouvelles latrines. Le nombre des places est grandement insuffisant.

2° Installation de nouveaux lavabos. Les hommes n'en ont pas assez pour se laver, même en triplant le temps accordé aux soins de leur toilette.

3° Augmentation des locaux disciplinaires et leur assainissement, car ils ressemblent aujourd'hui à d'horribles oubliettes.

4° Construction d'un bâtiment séparé pour l'in-firmerie. J'ai dit, en effet, qu'elle est installée au milieu du casernement lui-même ; mais il faut ajouter que les salles de malades sont beaucoup trop petites, que le médecin-major n'a pas de cabinet spécial à sa disposition et *qu'il n'existe aucune salle d'attente pour les soldats malades qui viennent à la visite !* Ceux-ci sont obligés d'atten-dre dans la cour leur tour de consultation.

Enfin, dernier détail, dernière touche au ta-bleau : le réfectoire de l'infirmerie est immédia-tement voisin des latrines du régiment !

Je passe, sans m'y arrêter, sur les baraquements de Bertheaume et de l'île d'Ouessant, où les sol-dats ne seraient pas trop mal, si l'hiver ils n'y gelaient littéralement.

*
* *

Ce n'est point par l'exiguïté des locaux que pèche le grand baraquement de Pontanezen, où loge la portion principale du 6ᵉ régiment colo-nial, à 4 kilomètres de Brest ; mais si l'on veut se rendre un compte exact des imprudences que commet, hélas ! depuis de bien longues années notre administration de la guerre, dans le choix et dans l'aménagement des demeures affectées à nos soldats, il suffira de lire le rapide historique que voici de la caserne où se trouvent en ce moment un millier de nos soldats.

Le terrain de Pontanezen a été acquis par l'Etat en 1780. Des constructions y furent faites hâtivement (et à titre provisoire, cela va sans dire, puisqu'elles servent encore) pour y créer un hôpital annexe de l'hôpital de la marine, afin de pouvoir loger les nombreux typhiques et scorbutiques de l'escadre du comte d'Orvilliers.

En 1795, Pontanezen reçut en même temps de nombreux prisonniers de guerre, qu'il avait fallu évacuer du château, où sévissait le typhus.

En 1802, plus de 500 noirs déportés de Saint-Domingue furent envoyés à Pontanezen, où ils moururent comme des mouches...

En 1814, cet hôpital-prison fut mis à la disposition du département de la guerre pour y loger des prisonniers autrichiens.

En 1817, il redevint hôpital-annexe, pour y loger des aliénés.

En 1826, il se transforma glorieusement en annexe du bagne et reçut de nombreux forçats jusqu'en 1851, où il devint définitivement caserne pour l'infanterie de marine, aujourd'hui infanterie coloniale.

Mais, comme si le passé des bâtiments élevés par les hommes continuait à peser sur eux, même après que leur affectation est changée, la maladie n'a pas cessé de sévir, pendant plus d'un demi-siècle après sa transformation, sur Pontanezen devenu caserne, comme sur Pontanezen hôpital, lazaret ou prison. Jusqu'en 1900, de nombreuses épidémies y ont sévi, particulièrement en 1876 et 1890. C'était surtout la fièvre typhoïde, en grande partie due aux eaux polluées et aux infiltrations provenant de l'ancien cimetière, aujourd'hui transformé en un petit bois qui touche le casernement. On eût dit, en vérité, que tous les malades, tous les prisonniers, scorbutiques et typhiques d'autrefois, tous les ennemis et tous les forçats détenus sur ce coin de terre, exerçaient encore on ne sait quelle vengeance posthume contre les petits soldats de la République !

On a, depuis six ans, refait en partie les baraquements ; on a dérivé de nouvelles sources d'eau potable ; on a bâti des aqueducs : grâce à quoi l'état sanitaire, il faut le dire bien haut, est aujourd'hui meilleur ; mais si le danger n'est plus le même, les inconvénients ont subsisté. Là encore, faute d'avoir créé de toutes pièces une caserne modèle, et pour avoir voulu « retaper » de vieux locaux construits autrefois à la diable, on ne peut offrir à la troupe qu'un imparfait abri.

Le sous-sol est argileux, et par suite de son imperméabilité, Pontanezen devient au moment des pluies un véritable cloaque. On est obligé de distribuer aux hommes des sabots et des chaussons, parce que l'on s'est aperçu qu'avec la chaussure réglementaire ils avaient sans cesse les pieds mouillés et qu'il en résultait un accroissement des cas de diarrhée, d'angine, d'oreillons. Les officiers ont fait preuve en cela d'une louable sollicitude et d'une affection intelligente pour leurs subordonnés : mais au lieu de transformer ainsi nos unités de guerre, comme il y a cent dix ans, en « bataillons de la Moselle en sabots », n'aurait-il pas mieux valu, dites-moi, leur assurer des cours et des champs d'exercice dont le terrain solide et sain leur permît de manœuvrer autrement qu'en bateau ?

A cinq cents mètres au nord du camp se trouvent des prairies détrempées qui forment en été de véritables tourbières et qui se transforment en marais pendant la mauvaise saison. Aussi une humidité constante règne-t-elle dans les bâtiments dont le chauffage est quasi impossible.

J'ai peu de choses à dire, pour le moment, du fort de Portzic, situé à 6 kilomètres de Brest sur la côte nord du Goulet et où se trouvent une compagnie et les convalescents du même régiment. Cette question des dépôts de convalescents pour l'armée est une des plus urgentes qu'il faille résoudre. Ce sera le complément nécessaire de cette étude, que j'entreprends aujourd'hui, sur les conditions générales dans lesquelles nous défendons la santé de nos soldats.

Au fort Penfeld et à Toulbroch, où sont installées deux autres compagnies, il manque un séchoir, un lavoir, un bâtiment où puisse être logé l'appareil à douches, une cuisine pour les sous-officiers, etc. Mais ce sont là, paraît-il, des casernements *provisoires*. Nous en reparlerons dans quelques années !

J'ai demandé aux officiers du 6ᵉ régiment comme à ceux du 2ᵉ ce qu'ils jugeaient nécessaire en vue de rendre plus hygiénique leur casernement de Pontanezen. Voici leurs réponses :

1° Installation de lavabos supplémentaires. La pression de l'eau n'est pas suffisante ; les robinets ne coulent pas assez longtemps ; les hommes ne peuvent se laver ni promptement, ni complètement.

2° Plafonnement des chambres des six grandes baraques-logements. Elles ne sont pas plafonnées, en effet, ce qui interdit de se servir des combles immédiatement au-dessus, soit comme réfectoires, soit comme casernements éventuels. Le plancher de ces combles est en grande partie à joints plats, de sorte que toute la poussière tombe dans les chambres.

3° Organisation de séchoirs couverts.

4° Achever l'aménagement intérieur des chambres de troupe, en agrandissant une fenêtre sur trois, en disposant les lits tête à tête dans l'axe du bâtiment et en partageant ces longues chambres en deux.

5° Réfection et augmentation des locaux disciplinaires, insuffisants et mal protégés contre le froid.

* *
*

De Brest, passons à Cherbourg, sans quitter pour cela les troupes coloniales, où l'on trouve, je ne saurais trop le répéter, les officiers les plus sincèrement attentifs au bien-être de leurs hommes. C'est ici d'après leurs dires uniquement — car je n'ai pas visité moi-même ces locaux, — que nous allons connaître l'habitat des soldats des 1er et 5e régiments, faisant partie de la même division que les 2e et 6e.

La caserne Brière de l'Isle, où est logé le 1er régiment, est une ancienne construction de la marine, datant de 1840. Elle est actuellement en assez bon état, grâce aux réparations et aux aménagements qui y ont été faits depuis deux ans, soit par les soins de la masse de casernement, soit par le génie. On ne pourra donc pas dire que je choisis de préférence, pour justifier mes conclusions, des locaux exceptionnellement usagés et décrépits.

Mais, voilà bien ce qui caractérise la méthode suivie par l'administration de la guerre et qui consiste à remanier tant bien que mal d'anciens édifices, pour les approprier aux exigences du service militaire, et sans trop s'occuper des ser-

vices d'hygiène, au lieu de faire à peu de frais,
— au moins de frais possible, — des constructions nouvelles et conformes aux principes de la
science moderne : dans cette caserne, convena-
blement entretenue et où plus de douze cents
hommes vivent — un peu à l'étroit il est vrai,
sous la direction de chefs dévoués, — *il n'y a pas
d'infirmerie.*

Il existe bien une salle de visite et de convalescents ; mais quand un homme du 1ᵉʳ régiment
est reconnu malade, il faut qu'il aille se faire soigner à l'infirmerie de brigade, installée avec le
5ᵉ régiment à la caserne Badens. Je n'ai pas besoin de faire ressortir, sans doute, la gravité d'une
telle lacune ? Au point de vue de la discipline, elle
est aisée à comprendre ; mais pour ne parler que
des raisons d'humanité qui sautent aux yeux,
n'est-il pas évident qu'il peut, qu'il doit se produire tels cas pressants, où le soldat frappé d'un
mal soudain au milieu de ses camarades a besoin
de soins immédiats, sans être exposé à tous les
dommages qui peuvent résulter d'un transfert plus
ou moins rapide et plus ou moins protégé contre
les intempéries, d'un point à un autre de l'arse-
nal, où se trouvent les deux casernes ?

Soyez assurés que nous ne possédons pas, en
France, même parmi les plus vieilles maisons de
force héritées des siècles passés, une seule prison
qui n'ait son infirmerie pour les détenus malades.

Voilà cependant une caserne où des hommes qui servent le pays et qui sont prêts à mourir pour lui chercheraient en vain, s'ils se sentaient souffrants, un coin hospitalier et paisible pour y reposer sous la surveillance d'un médecin. N'est-ce pas là le plus scandaleux oubli?

Mais tout se tient, et dans la même caserne où rien n'est préparé pour soigner les malades, voici que les locaux de punition sont de véritables chambres de torture. C'est un officier supérieur du régiment qui m'en a fait la description que je vais reproduire en même temps que ses *desiderata* :

« Il serait nécessaire, m'écrit cet officier, d'installer des cabinets à tinettes (avec enlèvement de la tinette par l'extérieur) dans les locaux disciplinaires.

« Ces locaux, particulièrement les cellules, sont en effet dans les conditions les plus défectueuses. Situées au sous-sol du grand bâtiment — sous-sol froid et humide comme une véritable cave, — et débouchant dans un long couloir étroit, ces cellules sont presque absolument privées d'air et de lumière. *Les militaires punis qui s'y trouvent enfermés sont réellement soumis à un traitement inhumain.* Aussi, les actes collectifs d'indiscipline commis dans ces locaux sont-ils nombreux : démolition de cloisons, percement de plafonds, descellement ou crochetage des portes, etc., etc.

« Les locaux actuels, même après les réparations demandées ci-dessus, resteront toujours insalubres. Et cependant, avec notre recrutement spécial, il me paraît indispensable de donner au chef de corps les moyens d'enfermer et d'isoler les hommes punis de cellule ou en prévention de conseil de guerre. Il faudrait construire un corps de bâtiment séparé pour 10 cellules. Tant que nous ne pourrons pas obtenir l'isolement complet des hommes punis de prison qui ont une mauvaise conduite habituelle et dont le sens moral est affaibli ou perverti, la discipline en souffrira. Cet isolement est d'ailleurs recommandé par la circulaire ministérielle du 31 août 1905... »

Sur ce point encore, après les explications que l'on vient de lire et qui émanent d'un officier éminent par le caractère et par les qualités professionnelles, on se demandera comment il peut se faire qu'un pays qui a tant d'indulgence pour les délinquants ordinaires et qui loge si bien ses prisonniers civils traite aussi durement les délinquants militaires et les loge si mal.

*
* *

Il y a six compagnies du 5e régiment à la caserne Badens et quatre compagnies à la caserne Martin des Pallières. Il a fallu encore envoyer une compagnie à la redoute des Couplets, sans compter celle qui monte la garde pendant six mois aux poudrières de la marine au Nardouet, car il n'y a pas de place dans les deux casernes pour tout l'effectif du régiment.

A la caserne Badens, — pas plus d'ailleurs que dans toutes celles dont j'ai déjà parlé, — il n'a été possible d'observer la loi qui veut que les sous-officiers rengagés aient une chambre séparée. Ils sont logés par 6 dans la même pièce.

J'ai dit tout à l'heure que l'infirmerie commune à toute la brigade se trouve dans cette caserne. On pouvait s'attendre, en conséquence, à rencontrer là une installation médicale large et parfaite. Quelle désillusion ! Elle ne contient que 29 lits, chiffre bien inférieur à celui qu'indique la proportion réglementaire de 2,5 p. 100 sur l'effectif des deux régiments. C'est au moins cinquante lits qu'il faudrait pour répondre à tous les besoins. J'ai recueilli sur ce point les avis des officiers du corps. Ils ont été unanimes pour me déclarer que de tous leurs vœux ils appellent la création d'une autre infirmerie régimentaire à la caserne Brière de l'Isle, car le médecin-major du 5e régiment a, dans l'état présent des choses, un service infiniment trop chargé, et de plus la place lui manque souvent.

La caserne Martin des Pallières ne pourra point passer, elle non plus, pour un modèle tout à fait récent : c'est un ancien couvent des Cordeliers, et une partie des bâtiments remonte *au onzième siècle!* Il est clair que l'on ne pouvait avoir, il y a neuf cents ans, la notion tout à fait exacte de ce qu'exigerait la science moderne pour sauvegarder la santé dans les rangs d'une grande agglomération humaine. Ce couvent a d'ailleurs servi d'hôpital-annexe avant d'être affecté, en 1890, au 5e régiment. Il est souverainement incommode. Il a de petits couloirs, des chambres mal aérées. Il occupe une grande étendue de terrain ; mais toutes ses parties sont à la fois difficiles à entretenir et à surveiller. « Malgré toutes les améliorations qu'on y apportera, m'affirment les officiers, ce sera toujours un mauvais casernement au point de vue de l'hygiène et de la discipline. Les réparations nombreuses qu'il y faut faire constamment exigent des dépenses qui sont en énorme disproportion avec les services qu'il rend. Mieux vaudrait cent fois démolir cette vieille bâtisse et en édifier une nouvelle, d'après les règles aujourd'hui établies, pour assurer la santé des hommes de troupe. »

Je reproduis textuellement ces paroles en les faisant miennes bien volontiers, car l'emplacement en lui-même est excellent, on n'en peut douter, et ce serait une bonne occasion pour essayer de produire enfin, dans une situation convenable, une caserne modèle, sur laquelle ensuite on pourrait copier toutes les autres ; aussi vite que le-

permettraient le budget de l'État et les subventions municipales.

Je m'en voudrais de quitter Cherbourg sans avoir noté que les officiers des 1er et 5e régiments ont eu l'intelligente initiative de payer sur la masse de casernement, la transformation des planches à pain dans les chambrées, en *armoires* à pain. Cette modeste réforme a du moins le mérite de protéger un peu « la boule de son » contre les impuretés de toutes sortes qui la contaminent tant qu'elle dure.

**
* **

De l'Ouest passons à l'Est. Allons visiter Verdun qui est une de nos principales places fortes de la frontière. Voici ce que nous y trouverons :

Une garnison de près de quinze mille hommes habite dix casernes qui pourraient et devraient normalement en abriter onze mille. Sur ces dix casernes, il y en a trois auxquelles on ne peut guère reprocher (car elles sont neuves) que d'être incommodes et d'avoir des lavabos insuffisants. des bain-douches malpropres et pas assez de réfectoires. Pour le reste et sauf que les chambrées sont trop étroites, les infirmeries trop petites et mal situées, la literie défectueuse et les latrines déplorables, — il n'y a trop rien à dire !...

Quant aux sept autres, dont quelques-unes ont subi leurs dernières réparations sous Louis XV, elles échappent à la critique par cette excellente raison que depuis longtemps tout le monde les a définitivement condamnées. Il n'y a plus à les juger, mais à les abattre.

Ce sont des bâtisses pourries, où les planchers ruinés par les âges ne peuvent même plus supporter les caresses du balai et tombent en poussière ; où l'air ni le soleil ne pénètrent jamais dans certaines pièces qu'occupent nos soldats ; où les écuries elles-mêmes sont malsaines au point qu'on est obligé d'en retirer les chevaux, — ce qui n'empêche pas l'autorité militaire d'y remettre ensuite des hommes de troupe, faute de place pour les envoyer dormir, — et mourir, — ailleurs !

On voit, en certaines de ces casernes, comme celle de Miribel, 2 294 fantassins entassés au lieu de 1 961, qui est le maximum de la contenance des bâtiments. Pour loger tout ce monde, il a fallu rapprocher les châlits (quand il y en avait) jusqu'à les faire se toucher, et installer des compagnies entières sous les combles, sans chauffage possible, sans literie réglementaire, avec des sacs de couchage en guise de draps.

Les bureaux, cependant, sont comme toujours admirablement bien installés. Toute la paperasse administrative régimentaire du recrutement et du magasinage occupe les plus belles et les plus claires salles de l'immeuble. Quant à nos pioupious, à nos chasseurs, à nos cavaliers ou à nos artilleurs, on les a généreusement et intelligemment fourrés dans des casemates sans air et sans lumière ou dans les chambres qui ont paru trop incommodes pour y faire de la comptabilité.

Il y a dans le nombre de ces établissements militaires une certaine caserne Jeanne Darc où l'infirmerie n'a pas de quoi coucher ses malades. Quand un soldat doit y aller, il faut qu'il apporte avec lui la paillasse et les draps (ou le sac) qu'il avait à la chambre. Admirable moyen, n'est-ce pas ? d'éviter les épidémies ; car, en quittant l'infirmerie où peut-être il aura voisiné avec des fièvreux, le même soldat rapportera, au milieu du logement de ses camarades, ses draps, sa paillasse, son sac... et les microbes recueillis en chemin !

Au 6e bataillon du génie, qui fait partie de la même garnison, 130 hommes sur 794 n'ont pas de draps pour dormir.

Est-ce tout ? Non ! Les quinze mille hommes dont je parle viennent de souffrir d'une épidémie de fièvre typhoïde due à la consommation d'une eau impure.

Mes collègues de la Chambre, délégués par la commission d'hygiène, ont fait une enquête sur place et ont reconnu que l'une des sources où l'on prend cette eau est captée non loin d'un lavoir public et de fosses à purin : si bien que ce que l'on verse aux troupes, c'est de l'eau de savon sale, assaisonnée d'immondices. Mais, en revanche, il y a trois services pour surveiller les sources : le service médical, qui les analyse; le service du génie qui règne sur les conduites, et le service de l'intendance qui règle les distributions. Hélas ! au lieu de trois services, il aurait suffi d'un filtre. Mais il n'y avait pas de filtre !...

Il n'y a pas d'hôpital, non plus, à Verdun, j'entends d'hôpital militaire. Ces quinze mille hommes en temps normal peuvent fournir un contingent de cinq cents malades : l'hôpital civil, où la municipalité veut bien les recevoir moyennant finances, ne peut en coucher que deux cent vingt-cinq. Il faut envoyer les autres, s'il y en a, se soigner ailleurs.

Voilà ce qui se passe à la frontière de l'Est, dans notre premier camp retranché, à deux pas de l'adversaire...

Et ne croyez pas que ce soit une exception ! Ne croyez pas que ces honteuses insuffisances, tant de fois signalées par moi depuis plus d'un an n'existent qu'à Verdun ! Mon collègue Messimy, rapporteur du budget de la guerre, dans une brève interruption que l'*Officiel* a enregistrée, a formellement reconnu qu'il en est de même partout en France.

Ainsi, voilà où nous en sommes! Voilà ce que l'on est enfin obligé de déclarer tout haut, à la tribune de la Chambre, après avoir si longtemps fermé les yeux et obéi à la conspiration du silence!

Nous logeons nos soldats comme des bêtes; moins bien que des bêtes, même, puisque nous les condamnons à vivre dans des locaux jugés trop malsains pour des animaux.

Nous n'avons pas su avec tant de millions dépensés pour la défense nationale procurer à ceux qui doivent l'assurer, à ces jeunes gens que nous enlevons à leur famille et leur travail, l'abri, la nourriture et les soins que nous leur devons!

Est-ce qu'une telle constatation, désormais irréfutable, ne nous dicte pas notre devoir?

Est-ce qu'il peut y avoir quoi que ce soit de plus pressant, de plus urgent que de le remplir?

Est-ce que le moment n'est pas venu de faire les sacrifices nécessaires et d'évacuer tous ces bâtiments ignobles, tous ces nids à fièvre typhoïde et à tuberculose, pour installer nos jeunes gens dans des maisons neuves et propres, pourvues de tout le matériel nécessaire à leur santé, entretenues avec tous les soins que réclame l'hygiène moderne et alimentées par des eaux abondantes et pures?

Est-ce que ce n'est pas là une dépense de

première nécessité, comme celle de notre armement lui-même !

Ce n'est pas avec des fusils et des canons seulement qu'on défend sa patrie : c'est avec des bras robustes et des cœurs vaillants. Gardons précieusement la force de nos soldats, pour qu'ils la consacrent tout entière à leur pays.

*
* *

Je pourrais passer de l'Est, au Nord, au Midi ; je pourrais chercher d'autres échantillons de la manie qui est la nôtre d'affecter à la demeure de nos troupiers les locaux les moins convenables, les moins hygiéniques, au lieu de leur préparer soigneusement le logis qu'il leur faut pour étudier en bonne santé, pendant deux ans, le métier de la guerre.

Mais à quoi bon !

N'avons-nous pas, tous tant que nous sommes, dans la ville que nous habitons, des exemples parfaits de cette constante impropriété des bâtiments militaires ? Paris lui-même n'est-il pas rempli de casernes, vieilles ou récentes, qui témoignent toutes de la même impuissance des ministres qui se succèdent à faire exécuter les circulaires qu'ils ont écrites, soit de leur propre gré, soit pour obéir aux indications du Parlement ?

Y a-t-il rien de plus frappant, à cet égard, que ce qui se passe pour les réfectoires ? Oh ! nous en avons à Paris, parce que la rue Saint-Dominique n'est pas loin et que l'on se sent exposé aux visites soudaines de M. Henry Chéron ! Mais savez-vous bien qu'il y a cent cinquante garnisons de France où ils n'existent pas ? Et cependant le règlement dit qu'il y aura partout un réfectoire ! Je ne résiste pas au plaisir de citer encore quelques paroles de M. Clemenceau à ce sujet.

« Je ne sais, messieurs, disait-il au Sénat, si vous comprenez bien ce que cela représente, les repas dans les chambrées : cela représente des hommes négligents, qui ne prennent aucune précaution ; à terre, des débris de nourriture, mal balayés, qui restent dans les parquets ; l'assiette sur la planche à pain, pleine de poussière, mal lavée ; partout des détritus organiques. Véritablement ce serait miracle si la fièvre typhoïde n'éclatait pas ! »

Elle éclate en effet périodiquement. Elle éclate même fréquemment et nos médecins, nos hygiénistes, ne cessent de signaler les améliorations de construction ou de régime qui la rendraient plus rare ; les députés, les sénateurs, les ministres ne se lassent pas de réclamer ou d'ordonner les mesures préservatrices les plus certaines ; — mais la routine est là, qui s'acharne à consacrer au logement de nos troupes les vieux hôpitaux, les vieilles églises, les vieilles baraques, les vieux forts même les moins faits pour les recevoir, au lieu de leur préparer avec soin des abris où ils trouveraient tout ce qu'il leur faut : de l'air, de l'eau, de l'espace et de la propreté !

Il y a peu de temps, un député signalait au ministre qu'il venait de voir un certain nombre de territoriaux appelés pour une période de treize jours, logés sous une halle et couchant sur le sol, avec une quantité de paille tout à fait insuffisante. Il a fallu que leurs camarades de l'active leur en donnassent un peu, en se dépouillant eux-mêmes, pour leur permettre de s'étendre à terre de tout leur long.

Ces mêmes hommes avaient reçu des vêtements d'uniforme dans un état pitoyable, des capotes déchirées et sales, des képis qui jamais n'avaient dû passer à la désinfection.

M. le général Picquart a loyalement reconnu la réalité de ces faits et a pris l'engagement « de veiller à ce que les hommes appelés soient vêtus et couchés d'une manière convenable ». Personne, certes, ne s'avisera de douter de ses intentions ; mais quand on sait de quelle façon et avec quelles précautions sont trop souvent répartis entre les nouveaux venus au corps, — recrues de la classe, réservistes et territoriaux, — les effets du magasin d'habillement depuis que les officiers combattants, dont ce ne devrait pas être la tâche, ont été chargés de leur entretien et de leur gestion, comment ne point se rappeler ces paroles du chef du gouvernement actuel, M. Clemenceau lui-même, dans son discours au Sénat :

« ... Le ministre de la Guerre n'est pas obéi, quel qu'il soit et quelque nom qu'il porte. Je vous démontrerai que nous vivons dans l'*anarchie militaire* et que le ministre, je le répète, n'est pas obéi de ses subordonnés. »

Et cependant il ne faut pas désespérer de voir le bon sens, la raison et l'humanité l'emporter enfin. Il ne faut pas cesser de croire que la publicité des faits avec ce qu'elle entraîne de conviction lentement amassée dans l'esprit public et bientôt dans les votes du Parlement, finira par avoir raison d'une incurie séculaire.

Il est nécessaire, en tout cas, de révéler bien haut tout ces faits pour enrayer à jamais une méthode qui laisse livrés à toutes les chances de maladie et de mort les jeunes gens dont la vigueur et la santé sont une des forces de la patrie. Cela est nécessaire, car « si l'on tue les soldats de la France pendant la paix, disait M. Clemenceau, qui donc la défendra pendant la guerre » ?

Un ancien député qui est un hygiéniste expérimenté, M. le Dr Augagneur, gouverneur général de Madagascar, a résumé en ces termes devant la Chambre, le 28 février 1905, tout ce qu'il convient de dire sur les habitudes de pro-

preté que l'on devrait enseigner et même imposer aux hommes :

« Je ne surprendrai personne en disant que la
propreté de l'armée française est plutôt superficielle ; les souliers sont cirés, les boutons sont
brillants, les mains sont dans des gants — heureusement, car cela permet de les voir blanches.
Il en est souvent de même du reste...

« On n'arrivera de même à modifier cet état
d'esprit du soldat trop indifférent à sa propreté
corporelle; à vaincre ces habitudes que par des
interventions persistantes et longues. Je dirai
même très volontiers que la population civile
n'est pas beaucoup plus raffinée ; et ce serait un
service considérable que l'armée rendrait au pays,
si les jeunes soldats qui la composent apprenaient
à être régulièrement et vraiment propres pendant leur service militaire, assez pour continuer
à l'être après leur libération. Eh bien ! ceci
n'existe pas ; la propreté intérieure des casernements est spécifiée dans les règlements militaires :
personne n'en surveille l'application. Que les
officiers de hauts grades essayent de voir de près
ce qui se passe, et comment les prescriptions sont
observées !

« D'après tous les ordres de service, le balai
est proscrit des chambrées, la chambre doit être
nettoyée avec un instrument dénommé faubert;
c'est une pièce de tissu mouillée et attachée au

bout d'un bâton. Ledit faubert existe partout, mais il sert une fois sur dix! L'homme de chambre qui a ce zèle militaire que vous connaissez, ne met pas dans sa mission une conscience ni une activité considérables; il trouve plus rapide de balayer à sec, c'est-à-dire de faire cette opération ridicule et dangereuse consistant à semer sur les meubles, les tables, les lits, la poussière qui était sur le sol. Quand par hasard l'homme de chambre se sert du faubert, il doit avoir réglementairement deux seaux d'eau, l'un servant à laver l'outil, l'autre à l'imprégner d'eau propre : le balai n'a jamais qu'un seul seau; à la seconde friction sur le sol, le seau est plein de boue, et le soldat l'étend consciencieusement sur le plancher après l'avoir enlevée, une première fois, à l'état de poussière.

« Tout est ainsi; vous avez une façade superbe qui dissimule la malpropreté de l'homme et de l'habitat, entretenant constamment les contagions intérieures.

« Les soldats rentrent à la caserne avec les pieds souillés de boue, personne n'a encore eu l'idée de les faire nettoyer avant de rentrer. Malgré les circulaires, le réfectoire est trop souvent dans la chambrée et la poussière volette partout et souille les aliments. Et la contagion de la tuberculose se dissémine par la promiscuité. Il arrive fréquemment que chaque soldat n'a pas son verre;

au réfectoire, il boit dans le verre du voisin, et voilà un des mille exemples de la promiscuité si dangereuse, si répandue à la caserne... »

Le lecteur aura retrouvé dans cet extrait d'un discours parlementaire, plus d'un fait que j'ai signalé ci-dessus dans une inspection rapide de quelques casernes contemporaines.

C'est bien la preuve que, depuis longtemps, la Chambre des députés, comme le Sénat, a été mise au courant de ces graves inconvénients et même des dangers qui résultent pour nos soldats de l'organisation actuelle de leurs casernes. Cependant rien n'a changé depuis les discours de MM. Clemenceau et Augagneur, ou du moins ce que l'on a pu corriger sur tel point où l'attention publique avait été brusquement et bruyamment attirée est demeuré identique partout ailleurs. Pourquoi ?

Est-ce seulement, comme le disait encore M. Clemenceau, parce que nos généraux, au lieu de surveiller activement et de très près l'exécution de toutes les mesures prescrites pour assurer la santé de leurs hommes, « passent leurs temps à se rendre chez les députés et chez les sénateurs pour solliciter »?

Non ! Il y a peut-être de cela, mais il y a autre chose aussi, que j'ai dit : c'est que nous n'obtiendrons un progrès réel et définitif que le jour où nous aurons commencé à construire sur différents, points du territoire, pour nos régiments d'infanterie, d'artillerie et de cavalerie, des casernes-types, n'empruntant plus rien au modèle traditionnel de baraquements que le génie exécute avec une monotonie imperturbable, chaque fois qu'on ne peut colloquer nos troupes dans de vieux bâtiments.

La vraie réforme à accomplir, c'est de loger nos soldats au moins aussi bien que nos détenus.

Assez de circulaires qui ne sont point obéies ! Assez de prescriptions de détail qui sont trop souvent inapplicables, dans l'état où se trouvent nos bâtiments militaires ! La France se doit à elle-même et doit à ses enfants, qui se dévouent pour elle, de s'efforcer de leur donner un foyer militaire où leur vie soit bien défendue. Ce qu'elle fera en ce sens, elle le fera pour son propre renom et pour sa sécurité.

LE SERVICE DE SANTÉ

J'ai dit dans quelles conditions matérielles sont installés nos soldats ; combien leurs casernes sont en général malsaines ; à quel point elles sont, en tout cas, peu défendues contre les épidémies qui menacent toute agglomération humaine. Voyons maintenant si le personnel du service de santé est en état de les soigner comme il convient.

Ce personnel est aussi méritant que possible, certes, et composé de praticiens dont la science ne le cède en aucune façon à celle de leurs collègues civils. On pouvait peut-être formuler autrefois des doutes sur sa valeur ; il était permis de croire que son recrutement n'offrait pas toute garantie d'habileté professionnelle ; mais, grâce aux progrès réalisés depuis vingt ans, les hommes qui portent aujourd'hui l'uniforme de médecin militaire ont fait les mêmes études et passé par les mêmes épreuves que leurs confrères. Ils se sont en outre spécialisés en quelque sorte, dès l'école, au point de vue pratique tout au moins,

dans l'observation et la thérapeutique des maladies ou des traumatismes qu'ils sont destinés à
soigner le plus fréquemment dans l'armée. Ce
n'est donc pas à leur compétence que je veux
m'attaquer, bien au contraire; mais je me per-
mets de croire qu'on leur impose une tâche qui
excède leurs forces et qu'ils ne peuvent accomplir entièrement.

Tout d'abord, en effet, le public se doute-t-il
que la France est le pays d'Europe où la proportion du nombre des médecins militaires est de
beaucoup la plus faible, relativement aux effectifs? Nous en comptons 1 pour 600 hommes,
environ. Dans toutes les armées étrangères, il y
en a 1 par 300 hommes, et dans l'armée allemande
1 par 200.

Ainsi, un de nos régiments d'infanterie à 4 bataillons compte 3 médecins, dont un est toujours
détaché avec le 4e bataillon, — ou ailleurs.

En Allemagne, le régiment de 3 bataillons
possède 6 médecins (1 médecin-major, 2 de
seconde classe et 3 aides-majors).

Dans un régiment de cavalerie, en France, il
y a 2 médecins; en Allemagne, 3.

Dans un régiment d'artillerie montée, la France
a 3 médecins; l'Allemagne 4.

Et la même différence existe pour tous les
autres corps, génie, bataillons de chasseurs, etc.

Il est cependant facile de comprendre que deux

médecins pour un de nos régiments d'infanterie (le troisième étant toujours absent) c'est un chiffre tout à fait insuffisant. Et si l'un d'eux est momentanément retenu loin de son service pour une raison quelconque (maladie, permission, etc.) il reste alors un seul homme pour veiller à la santé de 1 600 à 2 000 troupiers !

S'imagine-t-on quels résultats une pareille organisation doit produire, en certaines garnisons dont le climat hivernal est rigoureux, comme celles de l'Est et du Nord, quand il y a de 150 à 180 malades ou prétendus tels à la visite et qu'on ne dispose que d'un praticien, pour les examiner ?

Devant chacun de ceux qui se présentent à lui, la question qui lui vient tout de suite à l'esprit est celle-ci : « Est-ce réellement un malade ? N'est-ce point un simulateur, un exagérateur, un *carottier ?* » Et dans la hâte qu'il doit mettre à la résoudre, en considérant la longue théorie de ceux qui attendent leur tour et le temps qui presse, et la place qui manque, combien n'y a-t-il pas de causes implicites d'erreur et d'injustice !

C'est ainsi que l'on peut voir quelquefois rebuter par des médecins surchargés de besogne de pauvres diables qui souffrent réellement, mais dont le mal ne saute pas tout de suite aux yeux d'un arbitre trop pressé. L'opinion s'émeut ensuite quand elle apprend qu'un soldat auquel on

a refusé de le « reconnaître malade » a succombé
quelque temps après, emporté par une crise soudaine du mal dont il avait senti les approches...
Et cela est déplorable en effet! Mais que n'avons-
nous plus de médecins? Ils auraient le temps de
mieux examiner leurs clients.

Et encore, si le modeste et dévoué savant qui
doit répondre, en une matinée, de la santé de
tant de braves gens pouvait du moins s'appliquer
uniquement, tandis qu'ils le consultent, à l'examen de leur cas! S'il pouvait oublier tout le reste
et employer tout le temps à sa besogne de salut!
Mais non : il a toujours quelques petites opérations à faire, des pansements compliqués, qui ne
peuvent attendre. Il lui faut en outre rédiger,
signer, ou viser une foule de papiers, répondre
au médecin-inspecteur, aux généraux, au chef de
corps. Il est, de plus, continuellement dérangé,
pendant sa visite même : le colonel le fait appeler ; ce sont des réservistes, des permission-
naires, des engagés à examiner d'urgence. A
chaque instant il est interrompu. De quelle hu-
meur et avec quelle attention peut-il encore,
après deux ou trois heures de cet enfer, reprendre l'observation des hommes qui l'ont attendu ?

Quand il a terminé, enfin, cette consultation
que rien n'aurait dû troubler ni ralentir, il lui
reste à faire les contre-visites prescrites par ses
chefs, les mensurations, les pesées, les vaccina-

tions, l'instruction des infirmiers, des brancardiers, et, chaque fois que le régiment sort, assurer le service médical dés marches, des tirs et
de tous les exercices.

Après cela, il peut être appelé chez les autres
officiers, et si nul service de place ne remplit
le reste de sa journée, il lui sera loisible de lire
ses journaux médicaux et de travailler un peu à
se perfectionner dans son art.

Voyons ce qui se passe en Allemagne, pendant
ce temps-là. En Allemagne, le médecin-major de
1re classe règle et coordonne le service, s'occupe
des questions d'hygiène et de la correspondance
technique. Les médecins-majors de 2e classe ont
chacun un bataillon à soigner. Les aides-majors
assurent le service extérieur, tirs, marches,
bains, etc. et remplacent au besoin ou assistent
les médecins.

Cela est clair, ordonné, suffisant. Le rôle dé-
volu à chacun satisfait à la fois aux besognes
d'ordre administratif et assure un efficace examen
des hommes simplement souffrants ou déjà malades. Nul surmenage pour le médecin, au moins
en temps normal; donc, nulle négligence de sa
part.

Par conséquent les soldats sont mieux soignés
et meurent moins.

Pourquoi n'en est-il pas ainsi chez nous?

Nous ne regardons pas — pas assez! — à la

multiplication des officiers dits « à la suite » ;
nous tolérons l'accroissement démesuré du nombre des bureaucrates qui ont une ou deux heures
de travail par jour ; tous les corps ont un cadre
d'officiers plus que complet, de même que les
états-majors, les directions, les comités et le
reste. Mais nous n'avons pas de médecins !...

Quand nous voulons faire des économies, ce
n'est pas sur les non-valeurs de la guerre que
nous tombons : c'est sur les médecins, qui peuvent protéger et sauver nos combattants. Les
soldats, que nous logeons déjà si mal, seront soignés comme ils pourront ! Plutôt les priver tout
à fait d'un service de santé, que de toucher aux
ronds-de-cuir !

Et ces médecins, dont nous réduisons stupide-
ment le nombre, comment les traitons-nous ?
Quelle considération avons-nous pour eux ?

Payé comme les autres officiers, le médecin
militaire français n'a pas, comme son collègue
allemand, le droit de faire de la clientèle civile.
Je sais qu'il s'en plaint et que, même au prix
d'une patente à payer, il voudrait posséder ce
droit ; mais je trouve qu'il a tort, et je le dis.
Tout son temps, toute sa science, tous ses soins,
il les doit à cette population de jeunes hommes
dont il répond devant leur famille et devant le

pays. Il doit ne penser qu'à eux, ne se dévouer que pour eux. Son rôle est ainsi plus rude, mais plus beau. Et d'ailleurs, puisque j'estime qu'il n'y a pas assez de médecins militaires dans nos régiments, comment pourrais-je désirer qu'ils courent les malades en ville ?

Mais, en revanche, si de la sorte nous les retenons à la caserne ; si nous leur interdisons toute pensée de lucre et si nous exigeons d'eux qu'ils consacrent à nos petits soldats toute leur science professionnelle et toutes les heures de leur vie, pourquoi ne les traitons-nous pas comme ils le méritent ?

« Il y a quelque chose qui réellement confond, s'écriait M. Augagneur devant la Chambre, dans le discours dont j'ai déjà cité quelques extraits. Les médecins ont toute la hiérarchie de grades qui existent dans l'armée ; mais ce ne sont, au fond, que des assimilés. Ils ont bien le grade ; on leur a donné, depuis que l'intendance a été dépossédée des hôpitaux, la dragonne, qu'ils ne devaient pas porter auparavant ; mais ils n'ont pas, en réalité, les droits et les privilèges des officiers. »

Les honneurs, les préséances, le salut, les galons, n'ont à mes yeux, c'est bien entendu, qu'une importance secondaire, quand il s'agit des graves questions intéressant la Défense nationale, et, pour ma part, je me garderais de signaler sur ces différents points la situation qui est faite aux médecins, — si elle ne révélait clairement dans quel esprit on les accueille et avec quel dédain véritablement inconscient on juge le rôle admirable qu'ils jouent dans notre armée.

A quoi donc attribuer, en effet, sinon à une absolue incompréhension de leur mérite, les absurdes prescriptions que je vais énumérer?

Le médecin militaire doit toujours saluer le premier, dans le service, l'officier de même grade que lui, quelle que soit son ancienneté.

Dans toutes les cérémonies, revues, etc., il passe à la gauche du corps d'officiers.

A une table de mess, et dans tous les repas de corps, il occupe la dernière place. Il ne peut jamais être président.

Lorsque des généraux de division sont réunis, le médecin-inspecteur général de l'armée (général de division lui-même) passe après le plus jeune divisionnaire.

S'il meurt, il n'obtient pour ses funérailles que les honneurs réservés au grade immédiatement inférieur au sien. Un médecin-major de 1re classe (4 galons) a les obsèques d'un capitaine. Ainsi, la mort l'a fait rétrograder!...

Enfin, dans sa tenue, il n'a droit qu'aux galons plats (pas de galons en relief; admirable distinction!) et pas de galons du tout sur son manteau.

Pourquoi?

A quelle pensée profonde, à quelle classification subtile répondent toutes ces nuances du protocole pseudo-militaire en vigueur, au xxe siècle, dans un pays que la science médicale a peut-être plus illustré qu'aucun autre ?

C'est que le médecin, dit-on, est un non-combattant.

En vérité ! C'est un non-combattant, celui qui, dans les batailles modernes (la guerre russo-japonaise vient de le démontrer une fois de plus) est obligé d'aller au milieu des balles ramasser les blessés, exécuter des pansements sommaires et soigner, en un mot, puis évacuer au plus vite sur les services de l'arrière ceux qui sont tombés autour du drapeau ?

C'est un non-combattant, cet homme qui a le devoir de risquer la mort, mais qui n'a pas le droit de la donner ?

C'est un non-combattant, ce médecin aide-major Pinchon, qui vient de recevoir une balle dans le bras, à la frontière marocaine, au moment où il pansait un blessé ?...

C'est un non-combattant, ce médecin qui est toujours mobilisé, même en temps de paix, contre les maladies contagieuses et qui joue sa vie chaque fois qu'il fait une autopsie ou qu'il pratique une opération, où la moindre piqûre est mortelle ?

C'est un non-combattant, ce chef de famille qui peut rapporter aux siens, chaque jour, s'il n'y succombe lui-même, les germes nocifs ramassés à l'hôpital ?

Quand, durant l'épidémie de fièvre jaune, à Saint-Louis, en 1889, *quatorze* médecins succombaient héroïquement les uns après les autres, en se relayant au chevet des malades, c'étaient donc, dites-moi, des non-combattants ?

Le bon ordre et la dignité de l'armée auraient donc été compromis, si ces quatorze héros avaient porté sur leurs manches des galons ronds au lieu de galons plats, ou s'ils s'étaient assis, à la table de leurs camarades, ailleurs qu'au bas bout ?

Et pour leurs obsèques, ne trouvez-vous pas qu'au lieu de les rabaisser dans la hiérarchie, on aurait pu, sans excès d'honneur, saluer leurs mânes comme celles des généraux victorieux ?

M. Augagneur a fait ressortir avec vigueur les anomalies ridicules auxquelles on aboutit de la sorte. Il disait, le 28 février 1905 :

« ... Non-combattant, le médecin qui relève les blessés sur la ligne de feux pour les conduire à l'ambulance ; combattant, le colonel qui commande un gîte d'étape à 50 kilomètres à l'arrière ! Combattant, l'officier d'artillerie attaché à une fonderie ; non-combattant, le médecin à quatre galons qui commande une ambulance divisionnaire ; combattant, le lieutenant du train qui commande les chevaux et les mulets de cette même ambulance !... »

Cela est ridicule, en effet. Ils sont tous des combattants au même titre, ceux qui, dans leur sphère, à leur place et avec les armes qui leur appartiennent, luttent ensemble pour que leur pays l'emporte. Et l'homme qui, d'un soldat tombé, s'efforce de refaire un soldat debout sert aussi bien et aussi vaillamment la cause nationale que ce soldat lui-même ou ses chefs, du plus humble au plus grand.

L'orateur que je cite concluait ainsi :

« Le médecin n'a pas le droit de punition directe. Je ne suis pas un partisan systématique des punitions, mais je reconnais volontiers, l'ayant vu de près, que l'armée ne pourrait pas subsister sans des punitions disciplinaires. Cela est incontestable.

« Je disais donc que le droit de punir n'existe pas pour les médecins, autrement que dans les unités qu'ils commandent directement.

« Dans un régiment, le médecin peut punir son caporal infirmier, son infirmier, mais s'il va dans une chambrée et qu'il y trouve un sous-officier qui n'a pas surveillé l'application des prescriptions d'hygiène ou un soldat qui les transgresse, il ne peut punir : il faut qu'il fasse un rapport au chef de l'unité qui donne la punition qu'il convient.

« Le soldat sait cela ; il sait que les punitions

données par le médecin ne sont pas de l'essence de celles qui tombent sur la tête des hommes punis par un véritable officier. Chacun sait que les choses se passent ainsi.

« Un médecin qui constate qu'un sergent de semaine n'a pas fait balayer le casernement, ne peut pas lui infliger quatre jours de salle de police.

M. LE LIEUTENANT-COLONEL ROUSSET. — Heureusement! (*Exclamations à gauche.*)

M. AUGAGNEUR. — Toute la question est là. Je dis que tant que la situation de médecin, au point de vue de l'autorité sur les hommes, ne sera pas la même que celle des officiers dits combattants, il n'y aura pas de respect pour les principes et les lois de l'hygiène, et vous, officiers qui visitez le quartier, vous n'aurez pas, sur ces questions d'hygiène, l'attention intensive et éveillée qu'auraient les médecins dont c'est le souci principal. (*Applaudissements à gauche.*)

« Je demande donc que ces lois soient revisées et que le médecin ait, dans l'armée, la même situation morale que les autres officiers. »

Entendons-nous bien — et je suis sûr de ne trahir, en précisant ainsi, ni l'intention du Dr Augagneur, ni celle de mon collègue M. le Dr Chapuis, qui a présenté, pendant la dernière législature, une proposition sur les cadres supérieurs des médecins de l'armée, — ce dont il

s'agit, c'est bien moins encore d'améliorer le
sort des docteurs militaires que d'*assurer une
plus grande somme de soins efficaces à nos soldats.* C'est la santé, c'est la vie des hommes de
troupe qui est en jeu dans tout ceci. C'est elle et
elle seule qui inspire notre sollicitude, à nous
tous que révolte la situation d'infériorité humiliante faite aux médecins. Il importe bien moins
de sauvegarder l'amour-propre d'un personnel
d'élite, si instruit et si méritant soit-il, que de
travailler à ce que les plus humbles et les plus
dévoués serviteurs du pays, ceux qui se feront
peut-être un jour tuer pour lui, soient le mieux
soignés possible, *en attendant,* par les hommes
qui sont seuls capables de surveiller leur hygiène
et de combattre, — quoique non-combattants —
leurs maladies.

Mais, en vérité, c'est bien de cela que l'on s'inquiète, dans l'organisation actuelle! Là, comme
ailleurs, c'est la bureaucratie qui triomphe. Oui!
en dehors des visites écrasantes dont je parlais
tout à l'heure, le médecin militaire doit, tous les
matins, satisfaire aux besognes d'écriture les plus
compliquées et parfois les plus vaines. Ce sont
des comptes rendus au colonel, aux généraux; ce
sont des réponses à faire aux capitaines de com-

pagnies ; c'est une correspondance des plus importantes avec le médecin-inspecteur, des demandes, des réponses ; les rapports sur la vaccination, sur les recrues, sur la santé des hommes ; des comptes rendus journaliers, décadaires, mensuels, où tout se répète vingt fois ; des états trimestriels, semestriels, annuels ; des certificats variés ; c'est enfin la tenue des registres innombrables dont est pourvue l'infirmerie : registre d'incorporation, des catégories, d'alimentation, des exempts de service, des malades à l'infirmerie, à l'hôpital, des carnets multiples : j'en passe, et des pires !...

Consultez sur cette paperasse et son utilité les hommes les plus prudents, les moins révolutionnaires ; consultez les médecins blanchis sous le harnais, ceux qu'une longue existence vouée au service de l'armée a familiarisés avec les tâches les plus lourdes et a rendus indulgents à des complications qui énervent et rebutent leurs cadets : ils conviendront tous que, si ces comptes rendus, ces registres et ces relevés ont leur utilité « à certains égards », on pourrait néanmoins et l'on devrait les simplifier et en réduire le nombre dans une très large mesure. En tout cas, ils proclament tous que si un médecin de régiment doit s'acquitter d'un tel devoir, c'est à la condition expresse qu'il soit assisté par un cadre spécial de secrétaires infirmiers, dont plusieurs gradés.

Quant aux simplifications, elles s'indiquent d'elles-mêmes. Ainsi, les pesées et les mensurations sont utiles ; mais elles devraient être laissées à l'initiative du médecin. Il est indispensable, en effet, de mensurer et de peser tous les hommes à leur arrivée au corps ; mais le médecin seul reste juge d'utiliser ces mêmes moyens ultérieurement, comme élément de diagnostic. L'essentiel était d'obtenir les crédits nécessaires pour l'achat de bascules dans les régiments : on a dépassé la mesure en instituant des pesées périodiques obligatoires, avec une tenue de livre correspondante.

De tout le fatras d'écritures qui est imposé au médecin, on pourrait, en somme, et de l'avis unanime des chefs du service de santé, supprimer :

1° Le registre des malades à la chambre ;

2° Le registre des malades à l'infirmerie ;

3° Le registre des malades à l'hôpital ;

4° Les imprimés d'extrait du registre d'incorporation (!) ;

5° Les fiches périodiques de pesée ;

6° Les fiches périodiques de mensuration ;

7° Le registre des pesées et mensurations.

Il suffirait d'inscrire sur le livret individuel les poids et les mesures lors de l'entrée au service, pour avoir sans cesse à portée de la main les points de comparaison nécessaires.

Au surplus, on commence à revenir de cette manie de la pesée qui avait envahi nos corps de troupe. La première année, on a pesé tous les mois ; la seconde, tous les deux mois, en vertu d'une circulaire ministérielle. Espérons qu'une autre circulaire espacera encore cet étrange divertissement qui n'aurait d'utilité — et encore ! — excepté dans le cas de maladie déclarée ou redoutée, que s'il était possible d'y soumettre toujours les hommes dans les mêmes conditions, après des repas équivalents et des exercices analogues.

Je viens de faire allusion à la nécessité d'adjoindre aux médecins régimentaires des secrétaires infirmiers, pour expédier à leur place le travail de bureau que l'on voudra conserver encore. Actuellement, en effet, de l'avis unanime, le personnel des infirmiers proprement dit est tout à fait au-dessous de sa tâche. Il est formé de soldats pris dans les corps parce qu'une malformation quelconque ou une faiblesse générale les empêcherait de faire un service actif. Ce sont des débiles, que l'on expose ainsi, par surcroît, aux maladies contagieuses, ou tout au moins à l'atmosphère déprimante et nocive des salles d'infirmerie ou d'hôpital. C'est à peine, d'ailleurs, si leur nombre permet à tous les malades de recevoir les soins nécessaires. Quant aux gradés, on a depuis longtemps constaté l'insuffisance de l'effectif des sergents rengagés affectés au service de santé.

Il faudrait, dans chaque infirmerie, au moins

un sous-officier rengagé, au courant des petits traitements, des premiers soins à donner en cas d'accident. Cela existe dans toutes les armées étrangères et même dans la marine française. Mais cela manque totalement dans notre armée.

* * *

Je ne veux pas sortir de l'infirmerie sans dire un mot du matériel du service de santé en temps de paix.

Il peut se diviser en objets de pansement, médicaments et instruments.

Les objets de pansement sont en quantité suffisante et de bonne qualité. Beaucoup d'hôpitaux civils pourraient les envier.

Mais les médicaments justifient certaines critiques.

Il y en a parmi eux de tout à fait archaïques et dont la médecine moderne a depuis longtemps cessé de se servir. On continue néanmoins de s'en approvisionner largement, comme si le stock précédent devait être épuisé, quoique, en réalité, on ne s'en soit pas du tout servi. Il m'est assez difficile de préciser, car plusieurs de ces drogues appartiennent à une catégorie destinée à soulager des maux plus ou moins secrets, que nos petits soldats contractent avec une facilité singulière,

dans des sorties où la tolérance a sans doute plus
de part que la permission...

 Quoi qu'il en soit, ce sont des médicaments dits
réglementaires, et il faut qu'une infirmerie de
corps en soit pourvue, afin d'opposer les remèdes
de Mars aux injures de Vénus. Le médecin, qui
n'en peut mais, n'a pas le droit de soigner ses
malades avec d'autres ingrédients, la pharmacopée
moderne en eût-elle découvert d'infiniment plus
efficaces et moins périlleux pour les estomacs fra-
giles. Il le fait, néanmoins, par humanité, mais
en cachette et à ses frais, car tout virement sur la
masse de l'infirmerie, *même dans l'intérêt des
malades*, est formellement interdit.

Ce n'est pas seulement le genre des médicaments qui est réglementé : c'est aussi leur nombre.
Quand la liste de ceux dont doit être pourvue la
pharmacie régimentaire est épuisée, il est défendu
de l'allonger, fût-ce par des panacées incontes-
tées. C'est ainsi que, sans parler des remèdes
coûteux et rares ou encore incertains — ou quelquefois à la mode — dont jouit la population
civile, un médecin militaire ne peut employer les
remèdes thérapeutiques aujourd'hui les plus
usuels, tels que : l'antipyrine, le pyramidon, le
salicylate de méthyle, etc... Ils ne sont pas réglementaires !

Où diable le règlement va-t-il se nicher ?... Je
vous demande un peu s'il est possible de limiter

les moyens de guérir — le mettre l'*embargo* sur les ordonnances des médecins, comme on interdit des souliers de fantaisie et comme on prescrit le nombre des boutons d'une tunique ! Faudra-t-il qu'un major renonce à sauver un malade pour obéir au règlement, qui veut ignorer le remède sauveur ? Ne serait-il pas tout simple, en pareil cas, qu'il pût au moins envoyer chercher, dans une officine de la ville, sans y être de sa poche, les quelques grammes ou centigrammes nécessaires d'un produit qui conserverait peut-être la vie d'un soldat ?

Un haut dignitaire du service de santé, à qui je soumettais cette question, m'a répondu textuellement :

« On pourrait laisser au médecin, sur la masse de l'infirmerie, la disponibilité d'une certaine somme pour acheter quelques médicaments, au moment nécessaire. De ces achats, il rendrait compte tout simplement par des factures. Il n'est pas douteux, en effet, que, sans s'arrêter plus que de raison aux réclames ingénieuses et parfois éhontées que publient certains industriels à la dernière page des journaux, on possède aujourd'hui des remèdes nouveaux et fort bons pour l'apaisement de la fièvre ou de certaines douleurs névralgiques.

« Il y aurait un moyen de concilier l'intérêt du malade et celui du Trésor : ce serait que l'on restreignît les médicaments de l'infirmerie au strict nécessaire pour les cas urgents, par exemple : opium, éther, quinine, huile camphrée et quelques autres. On créerait, dans chaque ville possédant plus d'un régiment, une infirmerie dite de garnison. Celle-ci posséderait une pharmacie qui, sur les formules écrites et sur les « bons » établis par chaque médecin à sa visite régimentaire du matin, délivrerait les médicaments nécessaires, *quels qu'ils fussent.*

« On objectera sans doute qu'à l'infirmerie on ne doit pas traiter les vrais malades et que c'est l'hôpital seul qui a ce rôle? Soit ! Mais, d'abord, il faut bien reconnaître que la loi qui a créé un hôpital militaire régional dans chaque corps d'armée est restée lettre morte, et vous êtes témoin comme moi que les plus importantes places de guerre peuvent n'en point posséder, puisque Verdun n'en a pas ! Ensuite, je répondrai que les hommes atteints de bronchites, d'angines, de névralgies faciales, de blessures légères ou d'affections spéciales sont généralement gardés au corps. On pourrait les envoyer dans ces infirmeries de garnison, où ils seraient en tout cas mieux soignés que dans l'infirmerie régimentaire, trop souvent installée au centre de casernes défectueuses, malsaines, et où l'on ne peut même leur donner une simple potion, car la substance essentielle, le sirop, fait défaut. »

J'ai reproduit cette consultation sans y changer un mot. On la trouvera, sans doute, comme moi, décisive en ce qui concerne la nécessité d'assurer à nos soldats la fourniture des médicaments, réglementaires ou non, capables de les soulager. J'ajoute seulement que, pour ne point oublier les villes qui ne contiennent qu'un seul régiment ou même qu'un seul bataillon et qui sont les plus nombreuses, on devrait autoriser les médecins militaires à faire exécuter leurs ordonnances tout simplement chez les pharmaciens civils [1].

Quant aux instruments, qui font aussi partie du matériel de santé, voici comment un médecin principal me rend compte de ce que les infirmeries possèdent :

« ... Les infirmeries régimentaires ont généralement de belles boîtes dans lesquelles il y a de grands ciseaux et un tas d'instruments archaïques et parfaitement superflus. Elles contiennent notamment les cautères des modèles les plus vieux, des boîtes de sonde, etc. Elles témoignent éloquemment du goût que l'administration française a conservé, à travers les âges, pour les dépenses

---

[1] Je n'ignore pas qu'une commission technique, présidée par M. le Médecin-Inspecteur général Claudot, refait complètement le formulaire pharmaceutique des hôpitaux militaires, qui va paraître, nous promet-on, prochainement. Je ne doute pas que, grâce à l'initiative et à l'esprit de progrès des distingués médecins et pharmaciens qui composent cette commission, les *desiderata* que je signale ne reçoivent enfin satisfaction.

inutiles, du moment où elles sont traditionnelles.
On a acheté tout cela parce que c'est l'habitude ;
mais cela ne sert à rien. Les seuls instruments
dont puisse se servir un médecin militaire sont
ceux qui lui appartiennent en propre ou qu'il
acquiert « en fraude » pour soigner ses malades. »

J'ai déjà dit un mot, en passant, des hôpitaux
militaires. Il est inutile de revenir longuement sur
leur insuffisance qui est notoire et que nul ne conteste. Ils manquent de personnel : médecins qui
sont surmenés, infirmiers de rencontre, pas de
rengagés en nombre suffisant. Ils manquent aussi
de place, et les exemples de leur encombrement
en hiver sont trop fréquents. Ils manquent enfin
d'espaces libres où les convalescents puissent res-
pirer un peu d'air pur.

Ce sont généralement d'anciens couvents : aussi
ont-ils de grandes salles, mais qui ne permettent
pas d'isoler certains malades. Les pavillons sépa-
rés que l'on a construits dans ce but sont les uns
sur les autres, et les contagieux *voisinent* de la
plus déplorable façon... Enfin, on est loin d'avoir
le nombre de lits suffisant.

Je sais que l'on fait les plus louables efforts pour
remédier à tout cela : on retape les bâtiments ; on
leur adjoint, *pendant l'hiver*, des baraquements
en planches pour loger tous les malades... Mais
tout cela est lamentablement insuffisant et tout à

fait indigne des installations sanitaires qu'un grand. pays devrait à son armée.

**

J'ai hâte d'arriver au service de santé en campagne, tel qu'il est organisé aujourd'hui. Je sais. très bien que depuis plus d'un an une commission fonctionne au ministère de la Guerre pour refondre complètement, dit-on, le règlement qui le régit. Cette commission, qui était présidée par le général de Lacroix jusqu'à ces derniers temps, passe pour être sur le point d'achever ses travaux, et l'on nous fait espérer qu'elle aura enfin réussi à mettre le service médical du temps de guerre en concordance avec les exigences de la tactique moderne et du nouvel armement...

Mais il faudra, pour réaliser ce progrès nécessaire, de notables transformations du matériel, et par conséquent des crédits importants, que le Parlement devra voter — qu'il votera d'ailleurs certainement, si le ministre les lui demande.

Il faut donc admettre, en tout cas, qu'un temps assez long s'écoulera malheureusement avant que la réforme soit accomplie. Nous demeurerons encore deux ou trois ans, au moins, dans l'état actuel. La critique est donc permise, d'une institution qui doit subsister aussi longtemps, et cette critique ne sera pas inutile, si elle réussit à faire que les pouvoirs publics se hâtent un peu.

Examinons ce qui existe, et voyons quels changements il y faudrait apporter.

Le service de santé en campagne se divise actuellement en service de l'avant et service de l'arrière.

Le service de l'avant comprend les postes de secours formés par le personnel et le matériel régimentaires, l'ambulance, l'hôpital de campagne.

Le service de l'arrière comprend les hôpitaux de campagne immobilisés, les hôpitaux auxiliaires, les dépôts d'éclopés et de convalescents.

Si le service de l'arrière a pour but de soigner certaines blessures graves, d'évacuer les malades dont la guérison doit être longue sur la zone de l'intérieur et de réapprovisionner l'avant, il est beaucoup moins important, néanmoins, que le service de l'avant lui-même, qui relève le blessé, lui donne les premiers soins et l'évacue. C'est du service de l'avant, de sa mobilité, de sa promptitude et de son fonctionnement incessant que dépend la conservation des effectifs. De rapides secours sauvent le plus souvent la vie du blessé et lui permettent même (on l'a vu en Mandchourie, surtout du côté japonais) de reprendre place parmi les combattants.

En France, le grand reproche que mérite le

4

service de l'avant est tout d'abord sa complication. Elle existe dans tous ses échelons, au point de vue du personnel comme du matériel.

Prenons d'abord le poste de secours. Formé par les voitures médicales régimentaires (une par bataillon), il doit, *théoriquement*, se trouver à 1 500 mètres environ de la ligne du feu. Dès lors, il lui faudra chercher un emplacement protégé contre les balles et les obus, près de l'eau, si c'est possible, non loin d'une route (à cause des évacuations à prévoir); à l'arrière du régiment, si celui-ci ne bouge pas, et à mille ou deux mille mètres de la ligne des tirailleurs, pourvu qu'ils demeurent complaisamment couchés à la même place !

Comment découvrir un lieu qui réponde invariablement à tant de conditions ? L'éloignement indiqué de la ligne du feu est particulièrement irréalisable pour une agglomération fixe et quelque peu nombreuse ; car, à cette distance, les obus ont un tir précis qui aurait vite fait de débarrasser le poste de secours de ses blessés, de ses infirmiers et de ses médecins ! Ce n'est pas à une distance fixe qu'une telle agglomération d'hommes, de chevaux et de voitures peut se tenir.

N'oublions pas d'ailleurs que ce premier échelon du service de l'avant devra se diviser dans la pratique en autant de fractions que le régiment lui-même. Autrement, que serait-il, que pourrait-il faire pour recueillir les blessés tombés sur les différents terrains défendus par les différentes compagnies ou parcourus par elle dans un mouvement d'offensive, alors qu'un tel mouvement peut s'étendre, pour un seul corps, sur un front de 5 ou 6 kilomètres?

Voilà, n'est-il pas vrai, pour le poste de secours, une rude besogne et de longs parcours? — Quels moyens de transport a-t-il, cependant, pour emporter les soldats atteints de tous les côtés du champ du combat et pour les diriger sur l'ambulance? Il n'a que les jambes de ses brancardiers, qui, au bout de 5 ou 600 mètres de ce dur labeur, seront déjà exténués. Il n'a aucune voiture légère et pratique à sa disposition.

On voit tout de suite une autre conséquence de ce système : le même poste de secours qui sera impuissant à remplir le rôle qu'on lui attribue sur le large espace occupé par un seul régiment, manquera en outre de mobilité dans la marche en avant ou dans les mouvements précipités de retraite. Il gênera le commandement et servira de cible aux coups de l'ennemi.

C'est donc là une installation toute théorique. Il est matériellement impossible qu'en temps de guerre on organise le service de santé des zones les plus avancées en conservant le groupement régimentaire. Tout le personnel et tout le matériel sanitaires doivent fusionner pour concourir au même but, qui est de relever le plus rapidement possible le blessé, de le panser et de l'évacuer au plus vite.

On comprendra aisément que les observations qui précèdent s'appliquent encore avec plus de force aux postes de secours régimentaires organisés pour la cavalerie et l'artillerie, dont les déplacements seront si rapides ! Il est donc évident que, à cette conception toute théorique et inapplicable, il faut substituer des unités sanitaires en nombre fixe par corps d'armée. Semblables à des sections de compagnie, elles pourront être groupées ou disséminées par le commandement, suivant les besoins du combat.

Elles devront être toutes semblables, en personnel et en matériel, et ce matériel devra être aussi simple que possible : une voiture pour les instruments et pansements ; une voiture pour les transports. Dès lors, le poste de secours ne sera plus qu'une installation volante, destinée à assurer les premiers soins aux soldats atteints et qui, établie plus ou moins loin de la ligne du feu, suivant les terrains ou les phases de l'engagement, pourra être aisément déplacée dans tous les sens.

Tout sera mobile et variable ; rien ne sera étroitement réglementé d'avance. On laissera à l'intelligence et à l'initiative des médecins, sous les ordres du chef réel des troupes agissantes, le

soin de venir, vite et sur tous les points, au secours
des blessés.

Il y aura ainsi plus de simplicité, de rapidité.
Les postes de secours, pouvant suivre l'armée (et
non plus leur régiment), capables de s'aggloméré-
rer entre eux, libres de s'immobiliser parfois un
jour ou deux pour achever leur tâche, amèneront
la suppression d'un organe dont le fonctionnement est encore plus défectueux que le leur : je
veux parler de l'ambulance.

Qu'est-ce, en effet, qu'une ambulance dans le
service de santé en campagne ? C'est un véritable
hôpital roulant, pourvu de voitures médicales, de
fourgons pour le transport des médicaments et
objets de pansement, du personnel, des tentes,
du matériel d'administration, des vivres, etc., et
d'un personnel formé de médecins, d'officiers
d'administration, d'infirmiers, de brancardiers,
de soldats du train conduisant des voitures pour
blessés, des mulets, etc.

Cet hôpital roulant doit suivre les divisions
dans leurs évolutions : Comment pourra-t-on se
flatter qu'il arrive toujours à destination, avec ce
lourd et encombrant cortège de véhicules plus ou
moins bien attelés, sur des routes encombrées
par les troupes combattantes ?

De plus, les fourgons de l'ambulance contiennent
une multitude de paniers, de tiroirs, de cases, où

les instruments, les objets de pansement, les médicaments, les ustensiles de propreté, les garnitures de bureau sont répartis au petit bonheur, non pas suivant leur utilité, leur première nécessité, mais selon la forme des voitures et la capacité de leurs coffres. Il faut que tout tienne sans occuper beaucoup de place. C'est la disposition de la carrosserie qui détermine les conditions de l'arrimage !

Aussi le résultat est-il vite sensible : pour faire une opération d'urgence, pour faire un pansement compliqué, il faudra ouvrir deux, trois paniers, une, deux cases ou tiroirs. Les paniers seront placés non seulement dans la voiture médicale, mais dans différents fourgons au nombre de six à huit par ambulance !

Dans différents paniers ouverts, les différentes matières qui par leur assemblage constituent un pansement seront exposées à l'air, donc elles cesseront d'être aseptiques.

Arrive un ordre de marche, il faudra tant bien que mal tout boucler, se rappeler la place de chaque objet dans les divers paniers, dans les différents fourgons ou voitures de chirurgie !

Et combien de temps faudra-t-il pour installer ainsi une ambulance avec une salle d'entrée, des salles pour les blessés, pour les malades à transporter couchés, pour les non-évacuables, pour les officiers, pour les contagieux ? Combien de personnes seront-elles immobilisées, occupées à installer ces différents services, à décharger, à recharger les paniers ?

Ainsi, lourdeur, complication, installation lente et difficile, voilà les qualités de l'ambulance, formation de l'avant dite, « essentiellement mobile », seule formation de l'avant importante pour le blessé !

On assure bien que l'ambulance ne sera qu'un lieu de passage où l'on ne donnera que les soins urgents... Alors pourquoi un appareil si compliqué ?

Enfin, autre grave reproche : toutes les ambulances ne se ressemblent pas ; il y a l'ambulance de division, celle du corps d'armée, celle de cavalerie. Comment le médecin s'y reconnaîtra-t-il ?

Les objets changent de place dans les différents systèmes d'ambulance. Il lui faudra donc consulter autant de nomenclatures qu'il y a de systèmes. On a bien le temps, à la guerre, et quand le sang coule de toutes parts, de feuilleter des registres pour savoir dans quelle case ou dans quel panier se trouve ce dont on a besoin pour soulager un homme qui souffre !

Impossible cependant, avec le procédé actuel, de s'y retrouver sans cela...

Après l'ambulance, ou plutôt les ambulances,

puisque leurs types sont au nombre de trois, vient
l'hôpital de campagne, troisième échelon du service de santé. C'est une formation absolument
opposée à l'ambulance. Si celle-ci, avec un matériel considérable, possède des moyens de transport, de couchage, et des fourgons à vivres, l'hôpital de campagne, lui, en est complètement
dépourvu. Il n'a aucune fourniture de literie ; il
ne reçoit pas de vivres ! Muni de fourgons à instruments, à pansements et à médicaments, il doit
réquisitionner tout le reste, qui lui manque. Mais
comment s'y prendra-t-il si l'on opère en pays
ennemi, ou même si l'on se trouve dans une région
de notre territoire où les armées aient déjà passé
en réquisitionnant tout autour d'elles ?

Que lui restera-t-il, pour vivre et pour remplir
son rôle ? Il est chargé, avec un personnel nombreux et un matériel peu considérable, d'opé-
rer la relève des malades dans les ambulances
pour permettre à celles-ci de suivre l'armée dans
ses évolutions : comment fera-t-il, s'il lui est
même impossible de nourrir et de coucher ses
médecins, ses brancardiers et ses convoyeurs ?

On peut ici apercevoir clairement le défaut de
tout le système : il n'y a pas d'interchangeabilité
entre les organes et les personnes des différentes
formations. Elles sont de systèmes absolument
opposés, et cependant on leur demande de concourir à la même œuvre. Il y a des modèles diffé-

rents, sur lesquels on compte pour s'ajuster les uns aux autres. Ce serait là une source de graves à-coups, si l'on n'y prenait garde, et qui est-ce qui en souffrirait le plus ? — Comme toujours, ce serait le soldat !

Ainsi, à la place du poste de secours, de l'ambulance, de l'hôpital de campagne, il faudrait établir d'abord ces unités sanitaires déjà décrites, toutes identiques en personnel, en matériel, n'ayant plus aucune attache avec le service régimentaire, pouvant se scinder ou s'agglomérer. A côté de ces unités, secours en première ligne, il n'y aurait qu'une seule et unique formation sanitaire : les hôpitaux de campagne, les uns mobiles, les autres immobilisés suivant les besoins. Ces hôpitaux auraient un matériel caractérisé par la grande légèreté de ses voitures, attelées d'un nombre de chevaux suffisant (ce qui manque actuellement). Tous les objets de pansement, les instruments, les médicaments, auraient chacun un fourgon et un panier spécial, ils ne seraient pas mêlés et confondus dans le même tas. En ce qui concerne spécialement les pansements, ceux-ci seraient préparés d'avance et divisés en grands, moyens, petits, suivant les parties du corps auxquels ils seraient destinés.

Ces hôpitaux roulants, dits de campagne, auraient le grand mérite de pouvoir être multipliés, au nombre de 10 par corps d'armée par

exemple ; ils s'aggloméreraient au moment nécessaire. Leur simplicité impliquerait la facilité
d'exécution du service, sa rapidité, la compréhen-
sion certaine et l'exécution efficace des ordres du
commandant en chef.

Tout étant interchangeable dans ce système, le
mouvement ne s'arrêterait plus, si un échelon
venait à manquer, ce qui aurait actuellement de
graves inconvénients.

Le service de santé à l'arrière, qui comprend
les hôpitaux d'évacuation, les hôpitaux de campagne immobilisés, les dépôts d'éclopés, de convalescents, les hôpitaux auxiliaires et les hôpitaux
de territoire, serait, par là, de même sim-
plifié.

L'hôpital roulant de campagne, en s'immobili-
sant, passerait dans la zone de l'arrière, il continuerait à fonctionner sans aucun changement.
Les hôpitaux d'évacuation, mélange d'hôpitaux de
campagne, de réserve de médicaments, de pansements, de trains sanitaires, de malades et de personnel médical, seraient supprimés. Il n'y aurait
plus que des centres de réserve pour les hôpitaux
roulants de campagne.

Le soldat, dans un pareil système, a tout à
gagner. Que faut-il, en effet, pour que la plus
grande somme de protection possible lui soit
assurée, dans ce formidable jeu de la guerre où

il se jette bravement, pour une idée, pour un devoir? Il faut que, à peine tombé sous les coups de l'ennemi, le médecin et ses aides viennent le relever, que les soins les plus urgents lui soient donnés, sans retard, mais que l'on s'en tienne là, d'abord, afin que ses camarades, atteints comme lui, puissent être, eux aussi, recueillis tout de suite. Il faut après cela qu'on les puisse envoyer tous vers les services plus paisibles de l'arrière, où, sans hâte, sans risques, on les soignera de son mieux.

Mais c'est au premier moment, c'est dès qu'ils sont atteints, que la sollicitude attentive et prompte du pays, représenté par les savants et les auxiliaires du service de santé, doit les découvrir et les soustraire aussitôt au péril. La guerre russo-japonaise a démontré que les secours ainsi compris sont les plus efficaces, non seulement pour sauver la vie des hommes frappés, et que de longues hémorragies sur place condamneraient trop souvent à périr, mais aussi pour permettre souvent à des soldats légèrement atteints de reprendre leur place dans le rang avant la fin de la campagne.

Il faut à la vérité pour cela que les médecins risquent leur propre vie en parcourant le champ de bataille, sous la pluie des balles et des éclats d'obus; mais, ainsi que me le disait éloquemment et simplement l'un d'eux, en étudiant avec moi ces questions : « *Les médecins ne demandent pas mieux que de se faire tuer !* »

Ils sont, en effet, on n'en peut douter, aussi braves et aussi dévoués en France qu'au Japon, et cela n'est point pour les faire reculer, d'apprendre que, dans la dernière guerre, leurs confrères de l'armée du Mikado eurent proportionnellement plus de morts que tous les autres officiers. Ils sauvèrent aussi plus de soldats blessés qu'on n'en sauva jamais, et c'était le noble but qu'ils avaient voulu atteindre.

*
* *

J'ai trop longuement insisté, peut-être, sur les défauts, aujourd'hui reconnus par les autorités militaires, de notre service de santé en campagne ; mais je tenais à montrer que, même pour le temps de guerre, qui doit être l'unique préoccupation des chefs de l'armée, nos dispositions étaient mal prises, en vue de protéger la vie de nos soldats. On ne s'étonnera pas que, avant de conclure, je revienne maintenant au temps de paix. On s'en étonnera d'autant moins que les renseignements les plus précis et les plus graves viennent d'être fournis au Parlement sur la récente et déplorable épidémie de fièvre typhoïde de Verdun.

J'étais loin de prévoir, en commençant d'écrire ce chapitre, que les défectuosités déjà si souvent signalées par moi dans l'installation des troupes qui forment, pour ainsi dire, à la frontière du Nord-Est, l'avant-garde de la France, allaient sauter aux yeux des commissaires de la Chambre et des chefs administratifs de l'armée, comme depuis longtemps elles avaient frappé les généraux, les colonels et tous les officiers du camp retranché.

Il a fallu cette explosion soudaine de la plus perfide et de la plus tenace des maladies qui menacent nos recrues, pour éclairer tous ceux qui s'endormaient dans une sécurité trompeuse.

On sait maintenant que je n'ai rien exagéré en affirmant plus haut que nos soldats sont logés par nous, comme nous rougirions de le faire pour des condamnés de droit commun.

On sait que des locaux jugés trop malsains pour y laisser des chevaux servent de chambrées à de pauvres gars de vingt à vingt-deux ans, que leurs parents nous ont confiés pour servir la patrie... et que la patrie laisse exposés à tous les maux.

On sait que les casernes où nous entassons nos régiments sont des demeures honteusement délabrées, où non seulement nulle précaution n'est prise contre les contagions possibles, mais où les réfections même les plus étendues seraient incapables d'assurer une hygiène parfaite. Il n'y a qu'à démolir ces bâtisses condamnées, pour en construire d'autres.

J'aime à croire que, si l'on s'y détermine enfin,
on voudra bien consulter, avant l'exécution d'un
tel travail, non pas exclusivement des officiers du
génie — toujours épris des mêmes modèles,
incommodes et coûteux, mais traditionnels, — ni
des architectes désireux d'élever de belles façades
ou de nobles escaliers (ou encore des murailles à
créneaux et à machicoulis, selon les modèles du
moyen âge), mais aussi des médecins qui sauront
dire par où pèchent les vieilles casernes et par
quoi doivent se distinguer les nouvelles.

Et ce m'est une occasion de dire avant de passer
à d'autres objets que, parmi toutes les réformes
qui s'imposent, pour protéger désormais un peu
mieux la vie de nos soldats, il en est une qui ne
serait guère coûteuse et qui aurait, selon moi, un
effet décisif.

Ce serait que des fonctionnaires du service de
santé, — des médecins-inspecteurs, par exemple,
tout à fait indépendants envers les chefs de corps
et assez dégagés des obligations courantes de leur
grade pour disposer en tout temps de larges loisirs,
— fussent chargés en permanence par le ministre
de la Guerre de visiter les troupes, dans leurs
casernes, dans leurs quartiers, dans leurs campements même, et de rendre compte directement
au chef de l'armée de tout ce qu'ils auraient
remarqué sur leur route d'anormal, d'irrégulier
et de nuisible au point de vue de l'hygiène.

Ce véritable contrôle médical, consciencieusement exercé, aurait pour résultat de faire connaître au ministre des situations que celui-ci trop
souvent ignore, parce qu'on les lui cache. Les
circulaires bien intentionnées qui prescrivent les
mesures les plus nécessaires ne resteraient plus
lettre morte. On serait bien obligé de faire que
nos soldats eussent partout des réfectoires, des
bains-douches, des lavabos en nombre suffisant,
de l'eau pure, des mets sains, des lits propres,
— et qu'aucun d'eux ne fût jamais obligé de coucher à terre!

Nous ne reverrions plus, en un mot, les scan-
dales auxquels nous assistons ; nous ne serions
plus responsables des maux que nous laissons
naître maintenant et par où tant de familles sont
en deuil.

Et enfin les bons et braves enfants qui servent
de leur mieux le pays auraient cette surprise heureuse et toute nouvelle, d'être aussi bien traités
dans leur caserne qu'un tas de malandrins dans
leur prison!

III

LE CHAUFFAGE DES CASERNES

M. Chéron, sous-secrétaire d'Etat à la Guerre, a trouvé, au cours de ces inspections inopinées auxquelles il se livre des soldats grelottants dans des chambrées sans feu. Il semble invraisemblable que pareil cas soit encore possible après tous les efforts accomplis et tous les sacrifices consentis depuis quelques années pour améliorer la condition du troupier.

Eh bien ! rien n'est plus aisément explicable.

Dans toutes les casernes de France le chauffage est insuffisant, irrégulier et malsain.

Nos villes de la frontière, par exemple, sont considérées, au point de vue des allocations de chauffage, comme situées dans une région froide ou très froide, c'est-à-dire que chaque compagnie reçoit par jour du 16 octobre ou du 1er novembre au 31 mars ou au 15 avril, la quantité relativement forte de 5 ou de 6 kilos de charbon par chambre habitée et de 5 ou de 6 kilos pour le bureau des comptables. Mais le règlement ne prévoit de rations ni pour le réfectoire, qu'il est pourtant nécessaire de chauffer au moins aux heures des repas, ni pour l'atelier de réparations aux chaussures et aux effets, qui abrite des travailleurs pendant toute la journée. De plus, l'allocation est insuffisante pour le bureau, où, souvent, il faut entretenir du feu toute la journée et même le soir.

Il est vrai que, si le règlement était strictement observé, si les capitaines n'en comblaient partiellement les lacunes en achetant — très souvent de leurs propres deniers — des appareils « de fantaisie », réfectoires, ateliers ni bureaux ne recevraient de poêles. Il n'y en aurait même pas dans toutes les chambres : le règlement sur le service du casernement permet d'attribuer *au maximum* quatre poêles par compagnie, alors que, bien souvent, la compagnie est logée en huit ou dix chambres !

En revanche, les fourneaux réglementaires, fournis par le service du génie, sont énormes, sans aucun dispositif pour ralentir la combustion. De la pelletée quotidienne qu'on livre à leur voracité, ils ne font qu'une flambée.

Conséquence : *les hommes sont obligés d'acheter du charbon à leurs frais*, en ville ou à la cantine !

Ils en achètent en ville... quand ils peuvent, car si la caserne est trop loin de la ville — tel, à Verdun, le quartier des hussards — ils en sont réduits à s'en procurer auprès des cantiniers, à moins qu'ils ne préfèrent, en désespoir de cause, s'en aller faire des coupes clandestines dans les bois environnants. J'ai eu sous les yeux des procès-verbaux de gardes forestiers et des plaintes de propriétaires où étaient relatés de semblables faits de maraude.

Encore ces inconvénients, produits par l'insuffisance des rations et par la construction défectueuse des appareils de chauffage et qui sont imputables à l'administration générale de l'armée, se trouvent-ils fréquemment aggravés par l'imprévoyance de certains services locaux. La distribution du combustible à la troupe ne se fait pas régulièrement, tant s'en faut. Les parcs à charbon ne sont pas suffisamment approvisionnés à l'avance. Que la neige vienne entraver la marche des trains du génie, c'est tout de suite la disette. *Je sais huit compagnies auxquelles on n'a pu délivrer de chauffage du 25 novembre au 8 décembre et du 25 décembre au 3 janvier.*

Les malheureux soldats que les exigences du service intensif avaient privés du plaisir d'aller voir flamber la bûche de Noël au foyer familial, ont dû passer ces jours de fête devant des poêles éteints!

*
* *

Dans toutes les garnisons où il m'a été donné de passer comme soldat, sous-officier, officier de troupe, officier d'ordonnance du ministre de la Guerre, journaliste, député, sénateur, j'ai rencontré les deux mêmes faits : trop peu de combustible, trop peu d'appareils, et impossibilité d'utiliser économiquement, rationnellement, ce trop peu.

La plupart du temps, les compagnies ne peuvent chauffer qu'une seule des pièces dont elles disposent, le réfectoire. Dans les chambrées où les hommes passent la nuit, où ceux qui sont déjà alités, mais non encore admis à l'infirmerie, doivent passer la journée, règne une température de glacière.

Il arrive qu'après une marche exécutée sous la pluie, les soldats ne peuvent avoir assez de feu pour faire sécher leurs vêtements, qu'ils seront obligés d'endosser le lendemain, encore humides.

A Châlons, naguère, il existait seulement quelques chambrées chauffées en permanence et où les soldats se réunissaient aux heures de liberté. Ces chambres chauffées n'étaient pas toujours les mêmes. Il y avait un « roulement », pour que les chambrées profitassent du feu à tour de rôle. Inutile de dire que l'hygiène en souffrait : les occupants de la chambre chaude devenaient trop nombreux pour la capacité du local ; ils fumaient, ils crachaient sur les parquets, en dépit de toutes les défenses, et l'atmosphère de la chambre était promptement viciée, au grand détriment de la santé des hommes qui devaient y passer la nuit. Quant aux autres, il leur fallait aller retrouver leurs lits dans des chambres très fraîches, sinon glaciales, ce qui les exposait à des refroidissements.

... Presque partout les appareils sont de mauvais poêles, d'un modèle suranné, qui ne rendent pas le quart des calories produites par le charbon qu'ils absorbent.

En revanche, il est vrai, ces maudites « cloches » — quand encore elles ne dégagent pas de gaz toxiques — fument abondamment, de sorte que le moindre mal qu'on en puisse dire est qu'elles font mentir le proverbe : elles produisent de la fumée sans feu, tout au moins sans chaleur.

Pour obtenir, par ces engins antérieurs à l'invention des chemins de fer et que le plus humble marchand de bric-à-brac jugerait indignes de son commerce, l'élévation de température nécessaire pour ne pas frissonner, il faut, comme je l'ai dit plus haut, que les soldats se cotisent et achètent du charbon.

A Langres, à Epinal, il n'y a pas de cela bien longtemps, les anciens exigeaient des recrues, pour l'achat de combustible, deux sous tous les trois jours. Non seulement les jeunes soldats étaient tenus de payer le charbon, d'aller en cor-

vées le chercher, mais encore ils n'avaient pas
la permission de s'approcher du poêle pour se
chauffer : les anciens jouissaient seuls du privilège de faire cercle autour de la cloche. Quant
aux bleus, ils n'avaient d'autre ressource, l'astiquage terminé, que de se pelotonner dans leurs
lits.

Sans doute les circulaires ministérielles contre
les brimades ont dû mettre fin à cette exclusion.
Il n'en demeure pas moins vrai qu'*il n'y a pas
place pour tout le monde auprès du feu.*

Beaucoup d'hommes se couchent dès six heures
du soir. Comme le réveil n'est sonné qu'à six
heures du matin, ils font le tour du cadran dans
leur lit, ce qui est, de l'avis des médecins, anti-
hygiénique au premier chef.

Seuls quelques-uns, les moins indolents ou les
plus instruits, s'embusquent dans le bureau du
sergent-major. Là, en effet, le poêle ronfle :
c'est qu'il dévore les combustibles les plus im-
prévus, les plus ignorés du règlement, entre autres
de pleines caisses de pain de guerre ! Je ne fais
pas grief de ces pratiques à mes anciens camarades
sous-officiers ; mais je les signale comme une
conséquence fâcheuse et coûteuse de la pénurie
de combustible.

Il serait trop facile de multiplier les exemples.
Le service du chauffage fonctionne partout aussi
défectueusement qu'à Langres, qu'à Epinal, qu'à

Châlons et qu'à Verdun. De toutes les garnisons où sévit l'hiver, affluent les mêmes critiques et les mêmes doléances.

* *
*

Que faire à cela ?

Obtenir du Parlement un relèvement du crédit consacré aux allocations de chauffage ? Remplacer les cloches par des appareils plus modernes qui rendent plus de calories tout en dévorant moins de combustible ?

Le problème me paraît comporter une solution plus logique, plus complètement satisfaisante, comme aussi plus économique en définitive.

Supposez que les hommes d'un régiment touchent le « prêt franc », et que chacun d'eux soit astreint à se pourvoir lui-même de vivres, dans le commerce de détail. Ils seraient bien maigrement sustentés, au lieu que le système des ordinaires par compagnie ou par escadron permet de leur assurer généralement, pour la même somme, une nourriture saine et suffisamment abondante.

Pareillement, en chauffant les casernes, salle par salle, à l'aide d'appareils isolés, si perfectionnés qu'on suppose ceux-ci, l'administration militaire dépensera toujours beaucoup d'argent pour n'obtenir que de piètres résultats, tandis qu'un chauffage collectif donnerait au point de vue de l'économie et du bien-être, les mêmes avantages que la nourriture collective.

Et le meilleur chauffage collectif serait le chauffage par la vapeur à basse pression, tel qu'il fonctionne, depuis plusieurs années déjà, dans les casernes anglaises et allemandes, notamment à Morhange, à proximité de notre frontière de l'Est, et même en France... à la prison de Fresnes.

C'est là le mode de chauffage sain, pratique et rationnel, des grandes habitations collectives que sont les casernes.

Production d'une chaleur continue, qui permettrait, pendant les plus grands froids, l'aération des locaux forcément encombrés, d'une chaleur égale, non seulement dans les chambres, mais dans les corridors, dans les escaliers par où doivent passer les soldats.

Possibilité d'installer, presque sans frais, à proximité de la chaudière qui alimenterait les radiateurs, des lavabos à eau chaude.

Suppression d'une notable partie des poussières qui salissent continuellement les réfectoires et les chambres de nos troupiers, et dont une circulaire ministérielle vient de rappeler la nocivité.

Voilà, ce me semble, des avantages dont l'importance n'a pas besoin d'être soulignée.

Une seule objection peut être faite : les frais
de première installation dans 600 casernes, environ, — déduction faite de la trentaine de bâtisses
dès à présent marquées pour la pioche du démo-
lisseur, — exigeraient l'inscription au budget
d'un crédit considérable.

Oui, mais, dans l'avenir, les bons calorifères
coûteraient moins cher, pour leur entretien et
leur alimentation en charbon, que les mauvais
poêles fumeux.

Ces derniers brûlent actuellement pour cinq
millions de charbon par an. Il faudrait, si l'on
voulait qu'ils chauffassent à peu près convenable-
ment, leur en donner pour vingt millions.

Au contraire, le chauffage des chaudières n'en
exigerait pas pour trois millions. Il me semble
que ces deux millions d'économie représente-
raient largement l'intérêt du capital à engager !

IV

LA « BOULE DE SON »

L'administration de la Guerre a communiqué récemment aux journaux une note dans laquelle elle énonce son intention d'améliorer le pain du soldat.

Cette amélioration est non seulement désirable, mais nécessaire, et il n'est personne qui ne la souhaite.

Nous ne sommes plus au temps où il se trouvait des généraux et des intendants pour redouter qu'en donnant un pain trop blanc aux conscrits venus des campagnes, on ne leur fît prendre en dégoût, pour l'avenir, le pain noir auquel ils étaient habitués dans leurs villages. L'usage du pain blanc provenant de blé moulu non plus à la meule, mais par les engins cylindriques de la meunerie moderne, et non plus cuit au four familial, mais fabriqué par un boulanger, se généralise de plus en plus chez le paysan français.

La réforme de la « boule de son » sera accueillie dans l'armée, aussi favorablement que le fut en son temps la substitution des repas variés à l'insipide et sempiternelle « soupe », et elle constituera un progrès beaucoup plus important.

L'expérimentation prescrite par le ministère consiste, comme on sait, à ramener de 80 p. 100 à 75 p. 100, et, un peu plus tard, à 70 p. 100 le taux d'extraction de la farine, c'est-à-dire qu'au lieu de former celle-ci avec 80 p. 100 des parties constitutives du blé, en laissant seulement 20 p. 100 de côté pour les sons et autres issues non panifiables, on écartera dorénavant ces sous-produits dans la proportion de 25 p. 100, puis de 30 p. 100.

Effectivement, la présence d'un excès de son dans la farine empêche le pain de « lever » et y retient une proportion d'eau trop forte, qui fait obstacle à la pénétration de l'aliment par les sucs digestifs de l'estomac. Le pain de troupe a tous les défauts d'un mauvais pain bis : c'est un aliment insuffisant et qui ne se prête pas à une préparation rationnelle.

D'ailleurs l'intendance militaire réclame depuis longtemps l'abaissement du taux de blutage, et elle l'aurait déjà réalisé si les ministres de la Guerre n'avaient été successivement arrêtés par la perspective d'une augmentation de dépense de plusieurs millions par an à laquelle les circonstances se prêtaient assez mal.

Le projet ministériel est donc excellent dans

son principe. Cela est même tellement incontestable, tellement évident qu'il est permis de se demander s'il n'est pas au moins superflu de dépenser de l'argent pour procéder à des essais. On pourrait appliquer au pain que l'honorable sous-secrétaire d'État veut faire distribuer à nos soldats l'aphorisme qui revient si souvent dans certaines réclames commerciales : « Y goûter, c'est l'adopter. »

Mais l'administration, pour accomplir cette réforme séduisante, veut, aux termes de son communiqué, « substituer à la mouture à façon le système d'achat des farines par voie d'adjudication ». Là, elle ne rencontrera pas, tant s'en faut, la même unanimité d'approbations, et, pour mon compte, je ne suis pas du tout d'accord avec elle.

Actuellement, le ministère de la Guerre constitue par voie de marchés et entretient, en vue du temps de guerre, un énorme approvisionnement de blé qu'elle renouvelle périodiquement, en le faisant transformer en farine, soit directement par les moulins militaires, soit à façon par la meunerie civile, pour la fabrication du pain de troupe.

A l'avenir, les greniers de l'armée recevraient en remplacement tout au moins de la partie de ce blé dont la mouture est confiée à des entrepreneurs, soit environ 400,000 quintaux par an, un approvisionnement en farine.

Tout d'abord, l'utilité de cette substitution ne m'apparaît pas clairement.

On invoque à l'encontre de la mouture à façon un seul argument qui peut se résumer ainsi : le taux d'extraction, de 80 p. 100, exigé par le décret de 1853, qui régit les moutures faites en vue de la fabrication du pain de troupe, était à peu près réalisable au temps des moulins à meule, mais les moulins à cylindre ne peuvent donner plus de 72 à 74 p. 100 de farine, d'où il suit qu'il n'est possible de parfaire la différence que par un mélange avec les sous-produits du moulin. Or, si ce maximum de 72 à 74 p. 100 est à peu près constant, il n'en est pas de même du minimum, qui est essentiellement variable, de sorte que la farine à 80 p. 100 n'est pas un produit dont la composition puisse être scientifiquement déterminée et contrôlée... Des fabricants indélicats peuvent lui faire subir impunément, légalement, pour ainsi dire, toutes sortes de manipulations frauduleuses...

Ce grief est accablant pour la farine à 80 p. 100, mais il ne le serait à l'encontre de la mouture à façon que si l'on voulait continuer de faire fabriquer cette farine.

Il perd toute valeur dès qu'on annonce l'intention de confectionner désormais le pain de troupe avec une farine d'usage courant dans le commerce et dont les éléments pourront être facilement déterminés en laboratoire.

Du moment où la fraude pourra être efficacement prévenue, rendue impossible, quelle raison
subsistera de renoncer aux services des entrepreneurs à façon?

*
* *

D'autre part, le remplacement d'une partie de
notre approvisionnement en blé par un approvisionnement en farine, outre qu'il apparaît inutile,
présente des inconvénients dont il ne semble pas
que l'on ait complètement compris la gravité.

La farine se conserve difficilement plus de six
mois, tandis que le blé peut subir sans déprécia-
tion un séjour de deux ans, dans les greniers. La
substitution de la première de ces denrées à la
seconde entraînera donc des modifications compliquées, et onéreuses, dans l'ensemble des précautions d'ordre-économique que l'intendance
militaire, de concert avec l'état-major de l'armée,
a dû prendre en prévision d'une mobilisation.

La fourniture des farines par voie d'adjudication se fera au bénéfice exclusif de grands mino-
tiers, capitalistes et spéculateurs, qui sauront
obtenir le prix le plus avantageux de la denrée la
plus médiocre. Mon collègue Charles Dumont,
du Jura, a très exactement décrit, dans un rapport
dont la Chambre n'a pas perdu le souvenir, les
procédés de ce genre de fournisseurs :

« Il y a tout un art, en adjudication, pour sonder les prix-limites par échelonnement habile des propositions.

« On fait rater le premier concours par des offres excessives, et on est fixé sur le maximum à exiger de l'État pour le deuxième concours. On soumissionne à coup sûr ; le secret du prix-limite devient le secret de Polichinelle. »

Quant à la qualité, elle se détermine par des moyens aussi perfectionnés. Et, de même que l'adjudication a pour résultat de faire payer d'une façon générale le prix-limite, c'est-à-dire le maximum, le cahier des charges a pour effet de faire admettre le produit minimum.

Le petit producteur fournit sa denrée telle quelle, avec ses qualités naturelles et ses défauts ;

« Mais le traitant, l'adjudicataire professionnel, exploite le cahier des charges ; il fabrique de toutes pièces le type des denrées voulu, ayant l'aspect physique requis, mais entaché de toutes les défectuosités tolérées dans leur proportion maxima.

« L'adjudication a créé la denrée militaire... »

Ainsi, après avoir eu la *viande à soldat*, par l'exercice du monopole qu'étaient parvenus à s'arroger certains grands bouchers, nous sommes menacés d'avoir la *farine à soldat !* Ce résultat serait précisément l'inverse de celui qu'on se propose d'atteindre.

En mettant toutes choses au mieux, la substitution de la farine au blé favoriserait l'intermédiaire au détriment du producteur et porterait la plus regrettable atteinte aux intérêts de notre agriculture.

Quatre cent mille quintaux de blé, que l'administration militaire achète actuellement chaque année aux producteurs français, n'entreraient plus dans la consommation de l'armée que par l'entremise onéreuse de la haute minoterie.

Or, en 1900, le « Congrès de la vente du blé », réuni à Versailles, émettait des vœux tendant à ce que les adjudications de fournitures de céréales fussent fractionnées et faites à des dates régulières dans chaque centre d'approvisionnements militaires. Un comité permanent se constituait en même temps dans le but de poursuivre la création de Sociétés coopératives d'agriculteurs pour la vente du blé, et généralement d' « organiser l'agriculture française pour la vente de ses produits comme elle s'est déjà, au moyen de Syndicats, organisée pour l'achat ». Les ministres de la Guerre qui se sont succédé depuis cette époque ont tenu à honneur de favoriser cette initiative. On a même expérimenté un peu partout, pour le blé, l'orge, l'avoine et les fourrages, le remplacement de l'adjudication par l'achat sur simple facture, conclu directement, sur les marchés, entre officiers d'administration et cultivateurs. Je tiens de bonne source que l'administration de la Guerre, édifiée par les excellents résultats de ces essais, se propose de les reprendre sous peu.

Tandis que contrôleurs de l'armée et intendants sont d'accord pour rendre les fournitures militaires accessibles à la moyenne et à la petite culture, les réformes que médite le sous-secrétaire d'État aboutiraient à faire de la fourniture du blé l'apanage exclusif des gros meuniers? Cela n'est pas admissible.

En résumé, on peut améliorer le pain du soldat. Cette réforme est même de celles qui ne doivent plus attendre, et je ne serai pas le dernier à réclamer du Parlement le vote des crédits nécessaires pour sa prompte réalisation. Mais les « modalités » qu'on a imaginées doivent être profondément modifiées si l'on veut qu'elle soit démocratique autrement qu'en apparence et qu'il n'en résulte ni aléa pour l'alimentation de l'armée en cas de mobilisation, ni préjudice pour les intérêts vitaux de notre agriculture nationale.

V

LE COUCHAGE

La mésaventure qui vient d'atteindre l'administration de l'armée est vraiment un peu humiliante, et je dois la souligner, non pas dans un vain esprit de gloriole, parce que j'avais prévu ce qui arrive, mais afin d'engager les hommes qui sont chargés d'assurer le bien-être de nos soldats à se montrer, à l'avenir, moins intransigeants et moins obstinés dans leurs idées, quand on se permet de n'être pas de leur avis et de leur donner de bonnes raisons pour en changer.

Le 15 février 1907, je formulais devant la Chambre de graves objections contre le projet de règlement préparé par le sous-secrétariat d'État de la Guerre pour le service du couchage dans les troupes métropolitaines. Je faisais surtout remarquer à mes collègues qu'il importait d'empêcher que, sous prétexte de progrès, on obligeât nos officiers et nos sous-officiers à consacrer tout leur temps à des travaux de vérification et à des écritures administratives, au lieu de les laisser à leur vraie besogne, à celle pour laquelle nous comptons sur eux, à savoir : l'instruction militaire de leurs hommes.

Tout le monde sait, en effet, avec quelle obstination néfaste les bureaux de la Guerre, et notamment l'administration du contrôle, tendent à multiplier pour nos soldats et pour leurs chefs les besognes les plus étrangères à leur véritable rôle et les plus nuisibles pour l'œuvre de la Défense nationale, puisqu'elles absorbent l'activité des hommes dont la tâche est de combattre, dans un fatras de comptabilités ou de manutentions sans cesse renouvelées.

Je disais textuellement, à ce sujet :

« M. le sous-secrétaire d'Etat prélève un sous-officier par corps ou détachement pour être adjoint à l'officier de casernement, au moment où nous déplorons l'infériorité numérique de notre corps de sous-officiers et au moment où le service de deux ans oblige nos officiers et nos sous-officiers à un travail beaucoup plus considérable !

« C'est le moment que M. le sous-secrétaire d'Etat choisit pour prélever 500 sous-officiers et pour en faire des surveillants de cardeurs de matelas ou de ravaudeurs de couvertures ! (*Mouvements divers.*)

« Si vous approuviez ce règlement, vous ouvririez la porte à tous les abus. Aux dizaines de milliers d'employés que vous avez dans les régiments, vous joindriez des sections de blanchisseurs et de cardeurs de matelas. Si vous autorisiez aujourd'hui les chefs de corps à prendre des escouades d'employés supplémentaires, soyez-en sûrs, ces escouades, dans quelque temps, deviendraient des sections, que vous le vouliez ou non. Je vous le demande, est-ce que le père de famille envoie son enfant au régiment pour être distrait du devoir militaire ? Le soldat doit travailler dans le but unique de se préparer à la défense de la patrie, et non pour être matelassier ou blanchisseur » (*Très bien ! très bien ! à gauche.*)

Mon honorable ami, M. Henri Chéron, ne me répondit pas sans vivacité. Il protesta contre mes craintes, contre mes allégations, et conclut textuellement en ces termes :

« En ce qui concerne la main-d'œuvre, j'affirme de la manière la plus formelle que tout emploi de militaires au nouveau service du couchage sera formellement interdit. Aucune manutention nouvelle ne leur sera confiée. Il est donc bien convenu que les militaires ne seront point distraits de l'instruction pour s'occuper du couchage. Pour reprendre la formule de M. Humbert « nous n'en ferons point des cardeurs de matelas ».

. . . .

« Le règlement prescrira formellement qu'aucun homme de troupe ne sera distrait de l'instruction militaire pour le fonctionnement du service de couchage. (*Très bien! Très bien!*) Je vous donne à cet égard les assurances les plus formelles. »

En présence de ces déclarations très nettes, que pouvais-je faire? J'en pris acte, et retirai mon amendement.

Quelques semaines après avoir pris cet engagement solennel, le 25 mars, M. Chéron lança son instruction définitive pour la gestion de la masse régimentaire, désormais chargée d'assurer le service des Lits militaires, et comme il est de règle, au ministère de la Guerre, qu'aucun règlement ne doit être modifié s'il ne compte au moins cinq ans d'existence et d'application, je pensais n'avoir plus qu'à attendre une législature nouvelle pour savoir comment se serait comporté le nouveau régime...

Quel n'a pas été mon étonnement, au mois d'octobre, en apprenant que le sous-secrétaire d'État venait de constituer une commission (encore une !) dont le rôle devait être de remanier cette instruction, vieille non pas de cinq ans, mais de six mois !

Il a suffi de ce court espace de temps, en effet, pour démontrer que l'administration de la Guerre s'est complètement trompée et que j'avais raison, au mois de février, de signaler un péril qui saute maintenant aux yeux de tout le monde.

On nous avait promis qu'aucun officier, sous-officier ou soldat ne serait détourné du service armé pour s'occuper de matelasserie, de blanchissage ou de comptabilité nouvelle. Or, voici que les commandants de corps d'armée, invités à donner leur avis sur la manière dont le service fonctionne depuis le 1er avril et sur les améliorations qu'il y aurait lieu d'y apporter dans l'avenir, sont unanimes à déclarer que l'officier de casernement, qui devait l'assurer seul, tout en expédiant sa tâche habituelle, est absolument débordé.

Il a fallu, dans tous les régiments d'infanterie fractionnés, adjoindre un autre officier à celui qui gère le casernement.

Il a fallu, dans tous les bataillons de chasseurs à pied, faire suppléer l'officier d'habillement par un adjudant.

Il a fallu, dans tous les régiments de cavalerie, mettre un sous-officier à la disposition du porte-étendard, chargé du casernement.

Il a fallu, dans tous les corps de troupes, occuper en outre un soldat, *exclusivement*, à la tenue des écritures concernant le couchage et l'ameublement.

Le général commandant un corps d'armée de l'Est, dans une note adressée au ministre, résume en ces termes saisissants les résultats obtenus par le nouveau régime du couchage des troupes :

« Insuffisance du matériel, d'où retard dans les réparations. Usure, par suite, du matériel en service, qui ne sera remis en état qu'au prix de dépenses plus élevées.

« Insuffisance, en plusieurs endroits, des locaux pour les manutentions du matériel, d'où nécessité de l'extension du casernement.

« Accroissement des charges du personnel actuel, — officiers et troupes, — en réalité insuffisant... »

C'est donc la faillite absolue des promesses qu'on nous avait faites.

Mais ce n'est pas tout, et un excès de sollicitude, en essayant d'introduire du confort là où il n'a que faire, a produit d'autres inconvénients.

On a voulu améliorer le couchage des hommes de garde en installant dans les postes des paillasses, des traversins et des couvertures.

Les troupiers se couchent naturellement sur cette literie, comme ils s'allongeaient sur la traditionnelle « planche », tout habillés. Il s'ensuit qu'elle est, au bout de peu de jours, d'une saleté repoussante. Les brodequins maculent de poussière ou de boue l'enveloppe de la paillasse, les éperons la déchirent. De même pour la couverture. Quant au traversin, il s'imbibe, comme un buvard, des sueurs variées, mais pareillement malsaines, des dormeurs successifs.

Les médecins militaires sont — cela se conçoit

de reste — unanimes à protester contre cette
« amélioration ».

En transmettant les rapports de ceux du 1er corps
d'armée, le général Chamoin écrit au ministre
que cette innovation « favorise la propagation des
maladies contagieuses et entraîne les plus fâcheux
résultats au point de vue de l'hygiène, des
hommes ».

Ce règlement, d'ailleurs, a vraiment toutes les
déveines : il est également un nid à procès !

Par ses lacunes, en effet, par l'imprécision
qu'il autorise dans la confection des cahiers des
charges, il provoque entre les corps de troupes
et leurs « entrepreneurs de l'entretien », blanchisseurs et matelassiers, d'interminables contestations.

La fourniture des matières premières, — laine,
crin, toile, etc., — que les corps doivent se procurer sur les fonds de leur masse auprès des
magasins de l'intendance, est très irrégulièrement
faite. Je connais, entre autres, un régiment de
cavalerie qui ne peut obtenir de toile pour la
réfection d'un certain nombre de matelas dont il
a fallu réformer les enveloppes, *il y a trois mois !...*

On se demande ce qu'à pu devenir la laine !...

On comprend, n'est-ce pas, qu'après de semblables constatations, l'administration de la Guerre
(et à sa tête mon très sympathique ami M. Henry
Chéron) ait reconnu la nécessité de réformer,

malgré sa nouveauté, un règlement qui produisait tant d'abus et qui imposait à nos officiers comme à nos soldats tant d'étranges devoirs.

Malheureusement, c'est une commission — toujours, hélas ! — qui a été chargée de modifier ce fâcheux état de choses. On a cru devoir sacrifier une fois de plus à cette manie de créer à côté du cabinet du ministre un tas de parlottes inutiles où se subdivise à l'infini l'autorité du véritable chef de l'armée, où sa responsabilité s'abrite (et finalement se noie) dans un océan de paperasses, et cette commission, comme toutes ses congénères, après avoir pris connaissance des faits, vient d'arrêter des résolutions qui, au lieu de s'inspirer des vrais intérêts de l'armée, au lieu de tenir compte, même, des engagements pris à la tribune de la Chambre par le sous-secrétaire d'Etat, vont, si l'on n'y prend garde, aggraver le mal dont nous souffrons.

Voici, en effet, l'ordre du jour qui lui est soumis :

Modifications proposées à l'article 12 de l'instruction du 25 mars 1907 (exécution du service dans les corps) :

« 1° Adjoindre un officier à l'officier de casernement, dans les régiments d'infanterie fractionnés ;

« 2° Adjoindre un adjudant à l'officier délégué à l'habillement, dans les portions principales des bataillons de chasseurs à pied ;

« 3° Adjoindre un sous-officier au porte-étendard, dans les régiments de cavalerie dont le dépôt est séparé de la portion principale ;

« 4° Désigner dans chaque corps de troupe un homme de service auxiliaire pour la tenue des écritures concernant le service du couchage. »

Ainsi, malgré tant de promesses, nous sommes menacés de n'en avoir pas encore fini avec ce déplorable système qui consiste à employer, chaque jour davantage, nos capitaines, nos sous-officiers et nos soldats à des besognes de comptables ou de magasiniers ! On ne paraît pas encore avoir compris, rue Saint-Dominique, — du moins dans les locaux où siègent nos directions, nos comités, nos commissions, nos sections et nos inspections, — que la France entretient une armée pour avoir, au jour voulu, des millions de défenseurs, et non des millions de ronds-de-cuir !

C'est la plaie de cette armée, que l'émiettement de ses effectifs entre une infinité de bureaux ou d'ateliers qui n'ont rien à voir avec la préparation ou avec l'exercice du métier militaire.

Cette plaie, je ne me lasserai pas de la signaler, de la montrer dans toute sa gravité, — dans toute sa purulence, pourrais-je dire, — souhaitant que le jour vienne enfin où, d'une main résolue, le ministre, sans consulter aucune commission, saura la débrider, la brûler et la recoudre !

VI

LE VIN DE TROUPE

Il n'y a rien de fâcheux et d'irritant comme de voir gâcher une bonne idée, comme de voir compromettre et avilir une réforme utile.

Lorsque, il y a cinq ans, des circulaires ministérielles prescrivirent pour la première fois de créer, à l'intérieur des casernes, des lieux de réunion et de délassement pour les hommes de troupe, on peut dire que tout le monde, en France, applaudit à cette initiative utile et généreuse. Enfin ! nos soldats allaient donc trouver, pendant leurs courtes heures de désœuvrement, un refuge contre les tentations malsaines qui les entourent ! Ils allaient avoir presque un foyer à eux, tout près de ces chambrées banales et déplaisantes où jusqu'alors tout plaisir intelligent et sain leur était refusé. La vie militaire est faite de contraintes et de corvées, et les troupiers n'avaient qu'une pensée, qu'un rêve : en sortir au plus vite, aller ailleurs, n'importe où, pour ne plus dépendre que d'eux-mêmes et pour s'amuser... ou s'ennuyer librement. Désormais, ils pourraient honnêtement se distraire « chez eux ».

Ils allaient avoir une bibliothèque, pour lire, pour écrire, pour étudier ; une salle de récréation leur offrirait des jeux sans danger ; bien plus, comme ils s'y rendraient souvent après de fatigants exercices, on leur servirait, pour un prix minime, du thé ou du café confectionné sous leurs yeux. Assurément, on ne mettrait à leur disposition aucun des alcools frelatés qui leur étaient auparavant versés ailleurs ; mais leur santé ne s'en trouverait que mieux, et la discipline aussi. Et pour le vin, dont il ne saurait être question de restreindre la consommation normale, il continuerait à être vendu, comme devant, à la cantine seulement.

Quant aux frais d'une telle création, ils étaient insignifiants, grâce à ce procédé de mutualité qui s'appelle la coopération. Il suffirait d'acheter en gros les denrées nécessaires, d'avoir un homme ou deux pour procéder aux infusions toniques et réconfortantes, pour entretenir les locaux en bon état de propreté, pour « faire le ménage » de ce modeste cercle, et lorsque le soldat aurait donné un sou pour sa consommation, il resterait, à la fin de chaque mois, un boni suffisant pour améliorer l'ordinaire de toute la compagnie ou pour se procurer de nouveaux livres.

Oui, tout cela procédait d'un large esprit démocratique, et en même temps les principes essentiels de la vie militaire étaient saufs. Si l'on avait persisté dans cette voie, tout aurait bien marché.

Cependant, dès le début, beaucoup de chefs de corps manifestèrent une certaine défiance contre cette innovation. Nombre de régiments d'artillerie et de bataillons de chasseurs à pied, notamment, n'eurent point de salle de récréation — et de consommation ; — leurs officiers avaient craint sans doute qu'une pente insensible ne fît peu à peu dévier l'institution et qu'en croyant inaugurer à la caserne le modeste salon où l'on cause, on y ouvrît le cabaret où l'on se grise.

L'événement, hélas ! leur a donné raison.

La plupart des colonels ayant eu la faiblesse de tolérer que la coopérative débitât sans contrôle de la bière, du vin, d'autres boissons encore, l'ivresse à leur suite est entrée au régiment, — non plus celle, à la vérité, que nos soldats allaient chercher quelquefois au dehors et qui les ramenait titubants et punis à la chambrée, mais une autre, sournoisement installée au cœur même de la place, dans les lieux de réunion ouverts pour la combattre.

Et l'indiscipline, avec elle, se développait rapidement. Il suffit de consulter les « décisions » des chefs de corps portées en ces derniers temps à la connaissance des troupes de toutes armes pour se rendre compte de la gravité du mal.

Voici un colonel d'infanterie qui fait insérer, le 26 avril dernier, au « rapport », le paragraphe suivant :

« *SALLE DE CONSOMMATION. — Le colonel est décidé à interdire la vente du vin dans les salles de consommation de compagnie, si les cas d'ivresse sont aussi nombreux.*

Celle de la ...... compagnie *dans laquelle le caporal X... a commencé à s'enivrer sera consignée pendant quatre jours.*

« Si les cas d'ivresse sont aussi nombreux », dit cet officier supérieur ! Voilà un éclatant aveu de la faute qu'il a commise lui-même en permettant de vendre du vin dans les coopératives de compagnie, au lieu de le laisser vendre exclusivement, comme autrefois, par les cantines de régiment. Il sera bien temps de l'interdire, maintenant que le mal est fait et que le ver — ou le petit verre — est dans le fruit !

Un autre chef de corps, dans une décision mise au « rapport » du 6 mai courant, s'exprime avec plus de clarté encore :

« *Un caporal a été cassé dernièrement pour s'être enivré dans une cantine de compagnie.*

« *Comme l'a dit le général de division, lors de sa dernière inspection, les coopératives doivent être des salles de tempérance et non d'ivrognerie. Il* faut que ces coopératives, par leur organisation, leur fonctionnement en commun, n'attirent pas d'ennuis aux commandants de compagnies, qui ont autre chose à faire que d'être des tenanciers de débit. *Il faut, de plus, que les soldats comprennent que leur dignité personnelle et l'esprit de solidarité doivent se développer dans ces organisations et non s'amoindrir.*

« *Les soldats d'une compagnie ne doivent pas aller boire dans une autre.*

« *La vente du vin n'aura lieu qu'aux heures des repas (un quart par homme, au maximum). La vente de la bière est tolérée une heure après les repas. Si des infractions à ces prescriptions se produisent, les coopératives seront consignées, puis dissoutes définitivement, et les préposés à la vente seront sévèrement punis.*

« *Elles ont été créées dans l'intérêt, pour le bien-être du soldat.* Elles ne doivent pas dégénérer en école de soûlographie (*sic*) et d'alcoolisme. »

Enfin, un général de division d'un de nos corps d'armée de l'Est vient d'interdire absolument la vente du vin dans les coopératives de compagnie dépendant de son commandement, à la suite des cas fréquents d'ivresse qui lui ont été signalés...

Je pourrais multiplier les citations ; je n'en trouverais pas de plus simplement éloquentes que celles-là, ni qui montrent mieux tous les défauts de l'institution.

Les salles de récréation, devenues franchement des salles de *consommation*, et bien pourvues de liquides variés, ont fini par constituer autant de cabarets intimes qu'il y a de compagnies où fleurit la coopérative, et les soldats se promènent de l'une à l'autre, en une sorte de « tournée des grands-ducs » où les caporaux mènent la danse. Les cas d'ivresse y sont « nombreux » et la « soûlographie », l' « alcoolisme » remplacent la partie de dames, de jacquet ou de billard que l'on avait cru permettre.

Les actes d'indiscipline qui en sont la suite ne se comptent plus.

Voilà les résultats qui sautent aux yeux et qu'on ne peut plus maintenant ne pas voir. Mais il y a ce qu'on ne voit pas ou ce qu'on n'a pas encore voulu signaler.

Je vais le dire :

D'abord la loi de 1905, qui ordonne de réserver certains postes aux sous-officiers rengagés, leur attribue toutes les cantines vacantes dans les régiments. Mais, en même temps qu'on les leur donne, maintenant, on les condamne à s'y ruiner !... Comment, en effet, pourraient-ils y faire le moindre bénéfice, lorsque, pour ainsi dire, à leur porte, dans les mêmes bâtiments de caserne ou de quartier, des coopératives débitent à bas prix toutes sortes de denrées et liquides souvent de qualité très inférieure ! J'en ai la preuve.

Et l'on est arrivé, en second lieu, à ce singulier résultat que c'est le capitaine lui-même, gérant de la coopérative, qui devient le véritable cantinier.

Il ne lui manquait plus que cela ! Accablé de mille besognes administratives qui l'empêchent déjà de se consacrer à l'instruction militaire de ses hommes, voilà maintenant qu'il doit leur verser à boire !

Et n'allez pas croire qu'il n'y ait que lui qui soit détourné de son devoir ! Avec la cantine régimentaire, il y avait au plus trois hommes distraits du service pour une besogne en somme utile ; avec les coopératives de compagnie, c'est environ 24 hommes par régiment (dont la moitié de gradés) qui sont enlevés aux exercices, pour faire un métier de garçon de café !

Je risquerais d'allonger indéfiniment ce pénible chapitre, si je voulais citer tous les faits qui me sont signalés, analyser tous les documents que j'ai sous les yeux. Mais si je me borne à noter brièvement les plus importants, je ne saurais passer tout à fait sous silence les relevés de comptes de certaines coopératives de compagnie, où figurent des mentions éminemment suspectes... Dans cette comptabilité, que signe le sergent-major et que vise le capitaine, il se glisse en effet parfois, à l'insu, j'aime à le croire, de l'un ou de l'autre, des dépenses incompréhensibles, fréquemment répétées, et toujours au bénéfice de personnes qui ne sauraient passer à aucun titre pour avoir livré des marchandises à une buvette...

Un chef armurier, par exemple, qui depuis trois mois aurait reçu environ trois cents francs sur les bénéfices d'une seule coopérative de compagnie, aurait sans doute quelque peine à expliquer de quelles fournitures cet argent est la représentation, et j'imagine que le sergent-major et le capitaine seraient également fort embarrassés pour nous le dire...

Mais ce n'est pas pour signaler de telles misères que j'écris ; c'est pour protester hautement devant le public contre une institution qui va directement à l'encontre des intérêts de l'armée, à la fois, et des intérêts des villes même où elle tient garnison.

Il est utile d'appeler sur ces faits l'attention du ministre de la Guerre et de lui demander, au nom de la dignité de tous, de vouloir bien examiner lui-même et de très près cette question.

Pour moi, une enquête impartiale ne saurait manquer de donner des résultats décisifs. Elle démontrerait que l'on doit supprimer résolument les coopératives de compagnie, et se borner à laisser fonctionner au régiment des cantines, en les surveillant afin de s'assurer qu'elles fournissent à nos soldats du très bon vin à des prix raisonnables.

Tant de causes diverses diminuent déjà les

effectifs de nos unités combattantes qu'il n'est pas indifférent enfin de renvoyer à leur place dans le rang les deux douzaines de soldats qu'on emploie maintenant à rincer des tasses et à compter la recette des mastroquets de compagnie.

Ce n'est pas pour cela qu'ils sont sous les drapeaux, et ce n'est pas non plus pour faire des affaires au détriment des modestes commerçants d'une ville qui les loge, les accueille et les aime.

* *
*

Quelques sincères amis de l'armée, qui sont en même temps les représentants très dévoués des régions viticoles, prétendent, je le sais, que l'existence des coopératives de compagnie *libres de vendre du vin* est nécessaire pour atténuer la misère des producteurs du Midi.

C'est là une grosse erreur : elles ne servent souvent qu'à encourager la vente des moins recommandables piquettes.

Que dirait-on, en effet, si j'étais en état de déclarer et de démontrer que les prix d'achat de ces prétendus vins par les coopératives varient entre quinze centimes et dix-sept centimes le litre !

C'est pour ce prix dérisoire, invraisemblable, suspect, que des capitaines gérants reçoivent, à

Paris, dans l'Est, dans l'Ouest, dans le Nord, à peu près partout, des vins dits de *provenance du Midi*. N'est-il pas clair que, dans ces conditions, ce n'est pas du Midi qu'ils proviennent, mais de je ne sais quelles officines louches, où les plus bas produits chimiques et les plus nuisibles remplacent le raisin ?

Les voilà, les vrais fraudeurs contre lesquels il faut sévir !

La voilà, la vraie protection à donner tout d'abord aux viticulteurs !

Je suis, pour ma part, tout à fait d'accord avec M. Sarraut, ancien sous-secrétaire d'État, quand il propose que l'on assure à nos soldats une libérale distribution de vin, — *pourvu que ce soit du vin !*

Je suis tout à fait d'accord avec les vrais amis de la viticulture, qui sont en l'espèce les vrais amis de l'armée, quand ils exigent qu'un contrôle sérieux soit exercé sur la qualité du vin servi ou vendu à nos troupiers.

Mais est-ce dans les coopératives de compagnies qu'une telle surveillance peut trouver sa place, alors que les capitaines, gérants de ces petites sociétés de consommation, sont intéressés à tirer le plus de profit possible des opérations commerciales dont on les a malheureusement surchargés afin d'avoir une coopérative florissante ?

Non ! Ce que l'on peut contrôler, c'est la cantine, qui est inspectée par le capitaine adjudant-major ; c'est aussi les commissions de l'ordinaire, qui doivent acheter le meilleur marché possible les meilleurs vins possible, afin de les vendre aux compagnies.

Rien de pareil dans les coopératives, où les fraudeurs écoulent librement leur marchandise, au détriment de la santé du soldat, au détriment de la discipline, au détriment de l'armée — et au *détriment des viticulteurs honnêtes !*

Niera-t-on maintenant que le mal soit aussi grand que je l'ai dit ? Après tous les exemples que j'ai cités, en voici un nouveau :

Dans un régiment du gouvernement de Paris, une *décision* récente porte en tête le paragraphe que voici :

« Trois hommes du 1er bataillon ont été punis pour s'être enivrés *en roulant de coopérative à coopérative, comme on roule de cabaret à cabaret.* Le colonel prononce pour toutes les coopératives de..... l'interdiction de vendre du vin jusqu'au 26 inclus. »

Décision incomplète, hélas ! puisque, je le répète, ce n'est pas du vrai vin qu'on y vendait et puisque ni les viticulteurs, ni les soldats, ni l'armée, ni le pays ne sont intéressés à ce que dure plus longtemps le régime de la piquette de compagnie[1].

[1] Voici un document qui prouve que je suis sur cette question

entièrement d'accord avec l'immense majorité des commerçants français :

COMITÉ DE L'ALIMENTATION PARISIENNE

Siège social : chez M. Marguéry, président
36, boulevard Bonne-Nouvelle.

Paris, le 25 juillet 1907.

A Monsieur Charles Humbert, député de la Meuse.

Monsieur le Député,

Le comité de Défense de l'Alimentation française et le Groupe de l'Alimentation Parisienne, dont j'ai l'honneur d'être le président, m'ont donné mission de venir, auprès de vous, protester contre l'institution des Coopératives militaires et le développement qu'elles prennent depuis quelques années.

Si nous prenons la liberté de nous adresser à vous, Monsieur le député, c'est que nous savons, tous, que vous avez fait de cette question l'objet d'une étude documentée et approfondie ; que nous avons suivi, d'autre part, avec la plus grande attention, votre campagne déjà engagée à la Chambre, que vous continuez si ardemment par de nombreux articles dans les journaux de Paris et des départements.

Vous envisagez, évidemment, la question à tout autre point de vue que nous, commerçants, mais le but que nous poursuivons n'est-il pas sensiblement le même ?

Et, d'ailleurs, n'avez-vous pas déclaré que *vous protestiez hautement contre une institution qui va directement à l'encontre des intérêts de l'armée à la fois et des intérêts des villes mêmes où elle tient garnison ?*

Nous joignons donc nos protestations aux vôtres, Monsieur le député, en demandant la suppression de l'officier commerçant, directeur des Coopératives de compagnie, fonction d'autant plus dangereuse qu'elle n'est soumise — dites-vous — à aucun contrôle sérieux.

Nous appelons votre bienveillante attention, Monsieur le député, sur une situation qui ne saurait se prolonger, car elle porte un préjudice considérable aux petits commerçants des villes de garnison, qui sont soumis à l'impôt général de la patente, subissent de très lourdes charges fiscales et voient s'établir autour d'eux, du fait de ces Coopératives militaires, une concurrence quasi déloyale. Or, il n'est que trop vrai, malheureusement, que cette concurrence a déjà fait des victimes et amené la ruine de nombreux boutiquiers.

A ces désavantages et à ces illégalités, ajoutons la considération suivante, qui a bien sa valeur, c'est que l'État, pour assurer le budget de la Guerre, impose le commerce des boissons, et que l'argent que nous lui versons sert à faire aux très petits une concurrence très grande.

D'autre part, Monsieur le député, si nous envisageons la question sous un jour tout autre, ne vous semble-t-il pas profondément injuste que, de par l'obligation qui est faite aux soldats de consommer aux Coopératives de compagnie, les enfants des commerçants, qui sont sous les drapeaux, fassent de la sorte, et contre leur volonté, un tort considérable au commerce de leurs parents ; et c'est ce qui se produit en France depuis que le mode de recrutement s'effectue par régiments régionaux.

Est-ce bien pour cela que nous consentons à des sacrifices ; qu'on nous demande l'impôt du sang ?...

Veuillez agréer, Monsieur le député, l'assurance de notre gratitude et de nos sentiments profondément et respectueusement dévoués.

Le Président du Comité de Défense de l'Alimentation Française ;
Président du Comité de l'Alimentation Parisienne,

Signé : MARGUERY.

VII

L'ALLÉGEMENT DU FANTASSIN

Il est curieux de voir le mal que se donnent les *bureaux* de la Guerre pour compliquer les choses les plus simples, pour retarder les solutions les plus urgentes, pour rendre impossibles les réformes les plus nécessaires.

Un bel exemple nous en est donné par la question de l'allégement du fantassin, soulevée depuis plus de six ans, et toujours pendante.

Que de gens s'en sont occupés, pourtant, du comité technique de l'infanterie au conseil supérieur de la Guerre, de la commission spéciale de l'allégement à la commission de l'aluminium, en passant par celle des cuisines roulantes.

Que d'idées se sont fait jour aussi, au cours de ces nombreuses palabres ! Les uns veulent changer la coupe des effets, les autres la couleur des vêtements ; ceux-ci tiennent pour le casque, ceux-là pour le chapeau ; Pierre veut une culotte et Jacques un pantalon ; le général vante la vareuse, le colonel préfère le jersey : le brave Pitou garde sa veste.

Et puis, on se livre à des expériences fantastiques, on met les effets du soldat sur des voitures et l'on opine gravement pour savoir si le fantassin est allégé.

Voici même qu'on prétend charger les capotes sur les voitures de compagnie ; cela ne fait rien que ces voitures soient mal conditionnées à ce point de vue, et qu'elles risquent, avec ce chargement, de verser au premier fossé ; cela ne fait rien non plus que les capotes puissent se trouver loin des bivouacs (ce qui est probable), au moment où elles seront le plus nécessaires.

Mais aussi ne faut-il pas de nouvelles voitures pour porter les munitions déchargées de la voiture de compagnie ? Sans doute ! Ne convient-il pas également de doter chaque compagnie d'une cuisine roulante ? Bien certainement ! A quand les roulottes individuelles ? Et allez donc !

Ah ! la belle réforme qui encombrera chacun de nos corps d'armée de 250 nouvelles voitures, comme s'ils n'avaient pas assez des 2 700 qu'ils ont déjà ! Ah ! la belle opération qui demandera au budget 5 millions, comme s'il n'y avait qu'à se baisser pour en prendre !

Enfin, nous avons eu la guerre russo-japonaise et les prétendus enseignements que certains cerveaux en mal de gésine ont cru y trouver : le soldat n'a pas assez de cartouches ! le troupier n'a pas assez de vivres ! le fantassin n'a pas d'outils pour se terrer !

Finalement, on propose d'augmenter les munitions, on propose d'augmenter les vivres du sac, on propose... pardon, on adopte un outil individuel. Avant l'allégement, le fantassin portait 26 kilogrammes, il en porte 27 actuellement, en attendant mieux !

N'insistons pas !

Je me réserve aussi de dire un jour ce que je pense des soi-disant enseignements de la guerre de Mandchourie. Au point de vue que nous étudions, je n'en vois qu'un seul indiscutable : la nécessité du combat couché pour l'infanterie. Ce n'est donc pas seulement l'allégement du fantassin qu'il nous faut envisager, mais bien la suppression complète du sac rigide, fixé aux épaules, lourd à la marche, gênant pour le tir. Seule, cette suppression donnera au soldat l'agilité grâce à laquelle il s'aplatira sous une rafale et se relèvera d'un bond pour gagner quelques mètres à la course vers l'ennemi.

Et comme, d'autre part, il ne faut pas perdre de vue le côté pratique (budgétaire en l'espèce) des réformes nécessaires, j'ai recherché les moyens de réaliser effectivement celle qui nous occupe. C'est dans cet ordre d'idées que je soumets à M. le ministre de la Guerre les propositions ci-après qui peuvent paraître légèrement décousues, mais qui, cependant, s'enchaînent logiquement.

*
* *

A) Faisant état du remplacement des voitures de cantinières par des caissons portant 48 cartouches par homme, conservons néanmoins les munitions de la voiture de compagnie, mais enlevons à l'homme la cartouchière du dos et son contenu. On réalise déjà un allégement de 1 430 grammes. De plus, la suppression de cette poche, peu commode pour le tir et qui surcharge les reins pendant la marche, permet d'assurer le port de l'outil au ceinturon. Pour les routes, le soldat ne porte plus que 80 cartouches, mais au combat, il en reçoit 112 autres (64 + 68), dans une deuxième musette distribuée avec les cartouches de la voiture de compagnie.

B) L'adoption de l'outil individuel a entraîné la suppression des outils de la voiture de compagnie ; si l'on oblige, d'autre part, les conducteurs des voitures à marcher à côté de leurs chevaux, ce qui est indispensable, on pourra facilement charger 180 kilos supplémentaires sur la voiture de compagnie, savoir : 240 étuis-musettes, 58 kilos ; 2 grandes gamelles et 2 sacs à distribution par escouade, 50 kilos ; 18 paires de brodequins de rechange, 26 kilos, et 5 sacs de couchage contenant quelques effets pour les officiers, 40 kilos ; toutes choses de chargement facile et de volume restreint.

C) On vient de voir que la caisse à bagages d'officier (d'un poids mort considérable) serait avantageusement remplacée par un sac de couchage en toile imperméable ou en peau, renfermant les mêmes effets que la cantine, et chargé sur la voiture de compagnie.

Quant aux cantines à vivres, il faut en envisager la disparition complète : au cantonnement, en effet, les popotes trouveront toujours quelques ustensiles et quelques assiettes, cela doit suffire ; au bivouac, les veilles et soirs de combat, il est d'un intérêt majeur que l'officier vive comme sa troupe et mange à la gamelle commune.

Cela étant admis, 4 fourgons par régiment deviennent disponibles, 5 même avec la voiture-réserve d'effets qu'il est bien inutile de transformer en voiture d'outils. Ces 5 voitures porteraient les deux jours de viande de conserve et un jour de vivres du sac pour tout le régiment (le calcul est aisé à vérifier) ; et nous obtenons du même coup un allégement de 1.400 grammes par homme, sans compter tous les ustensiles de campement qui peuvent disparaître sans inconvénient.

D) Que reste-t-il alors à mettre dans le sac ? la veste, 950 grammes ; une chemise, 400 grammes ; un mouchoir, 30 grammes ; le bonnet de police,

80 grammes ; une chaussure de repos, 900 grammes ; une trousse et un morceau de savon, 250 grammes ; ajoutons une serviette et une brosse, 200 grammes ; une marmite, 600 grammes (ou une gamelle, 400 grammes), et un jour de pain de guerre et de petits vivres, 700 grammes.

Ces derniers pouvant être mis dans la musette, il reste de fait 3 kilos 500 grammes à porter sur le dos ; est-il nécessaire, dès lors, de conserver le havresac du poids de 1 750 grammes ? et ne serait-il pas mieux de le remplacer par une simple toile imperméable enroulant le tout, s'accrochant en sautoir, servant au besoin de toile de tente et pesant au plus 700 grammes ?

Soit un troisième allégement que la suppression de la calotte de coton, des guêtres, des sous-pieds et de la brosse double porterait à 1.300 grammes.

*
* *

Ainsi donc, sans modifier en quoi que ce soit les marchés en cours relatifs à l'habillement et à l'équipement, en supprimant complètement les commandes de havresacs, et temporairement celles de cartouchières, c'est-à-dire en réalisant des économies, on arrive à diminuer de plus de 4 kilos le poids porté par le fantassin, tout en lui laissant la disponibilité immédiate de tous les effets, vivres, munitions et objets indispensables, et à adapter son chargement aux conditions normales du combat moderne.

Voilà ce qui est réalisable immédiatement et sans frais, sans augmenter le nombre des voitures, sans fabriquer d'effets nouveaux autres que quelques toiles de tente, et sans préjuger enfin des améliorations qu'on pourrait y apporter ultérieurement ; telles sont :

Remplacement de la tôle de fer par l'aluminium pour les boucles, quarts, bidons.

Amélioration, simplification et allégement de la capote actuelle (voir le manteau allemand).

Remplacement de la veste étriquée par un vêtement de même poids, mais plus commode (vareuse autrichienne ou litewka), ou par un vêtement beaucoup plus léger (jersey).

Remplacement du pantalon et de la jambière en cuir par un pantalon genre cycliste et des bandes molletières, tenue de guerre plus pratique.

Modifications de couleur et de forme de nature quelconque dans l'habillement et la coiffure.

Simplification de l'équipement, réduction des bretelles, banderolles et courroies, allégement du ceinturon, du porte-baïonnette et du fourreau.

Etc., etc. ; toutes choses évidemment préférables à l'état actuel, qui réaliseraient encore un allégement de 1.200 à 1.800 grammes par homme, mais qui nécessitent l'allocation de crédits importants et ne peuvent pas, en conséquence, être obtenues immédiatement.

Quoi qu'il en soit, il reste acquis que :

1° Tous les conseils, comités, commissions, sont d'une incompétence absolue pour faire aboutir la plus simple des réformes;

2° L'allégement du fantassin peut être réalisé par une simple signature ministérielle au-dessous des dispositions indiquées plus haut, et cela immédiatement, sans difficulté et sans dépenses ;

3° Des économies sérieuses seront ultérieurement obtenues du fait même de la simplification de l'équipement, et les sommes ainsi économisées pourront être utilement reportées sur les modifications désirables aux deux points de vue de la commodité et de l'allégement ;

4° Enfin, dans les propositions présentées, rien n'est une gêne pour la mise en application ultérieure de toutes les améliorations que l'étude et l'expérience feront ressortir et que le budget pourra réaliser.

Est-il permis d'hésiter dans ces conditions? Allons, monsieur le ministre, un bon mouvement pour le fantassin :

Déposez l'as de carreau.

VIII

DES ASILES POUR LES CONVALESCENTS
DE L'ARMÉE

On a arrêté le 1er mai 1907 sur la place de la République, à Paris, un camelot en goguette qui distribuait aux soldats et aux passants des brochures antimilitaristes. Quand on établit son identité au poste de police, on s'aperçut que c'était un fantassin de l'armée coloniale, *en congé de convalescence!*

Le mois précédent, au cours de la grève des ouvriers boulangers, des misérables, après avoir vainement essayé de débaucher quelques mitrons qui travaillaient dans un fournil de la Chaussée-d'Antin, ont dirigé sur l'un d'eux, par un soupirail ouvert, un jet de vitriol.

Quand la police fit son enquête sur cet odieux attentat, elle apprit que l'ouvrier vitriolé s'était fait embaucher comme remplaçant, afin de gagner quelque argent et de ne pas être à la charge de ses parents. *C'était un soldat en congé de convalescence.*

Soldat « convalescent », le camelot antimilita-
riste de la place de la République!

Soldat « convalescent », le mitron de la
Chaussée-d'Antin! Pour ce dernier, la situation
est même véritablement frappante.

Vous entendez bien ? C'est un *convalescent* qui
occupait ses heures de nuit à ce rude et déprimant travail de la panification ?

Comment se pouvait-il faire qu'il fût là ?

N'allez pas croire, au moins, que je veuille
incriminer ce pauvre diable si cruellement puni de
son ardeur au travail et de son courage ! Ce n'est
pas lui qui est dans son tort; c'est l'administration militaire; c'est la loi; c'est nous tous.

Et voici pourquoi :

Un soldat tombe malade, à la caserne. Il est
envoyé à l'infirmerie d'abord, puis à l'hôpital.
On le soigne avec un dévouement que je ne songe
pas à contester. On le guérit, — ou à peu près, —
et, dès qu'il peut se tenir debout, comme il faut
faire de la place à d'autres malades, le médecin le
renvoie à son corps. C'est un convalescent.

Que va-t-il devenir?

Comme il est évidemment hors d'état de servir dans le rang, ses chefs écrivent au maire de
la commune qu'il habitait avant son incorporation,
afin de savoir si ses parents sont en mesure de le
recevoir et de le soigner pendant un congé d'un,
deux ou trois mois.

Quelquefois, ce magistrat municipal, poussé
par une exceptionnelle sincérité, déclare que
toute la famille de son ancien administré est dans
la misère, ou du moins dans la gêne, et qu'il
vaut mieux ne pas la surcharger d'une bouche à
nourrir. Ou bien le convalescent est un « sans-
famille », un isolé que nul ne pourrait recueillir
et, qui ne trouverait même pas à partager la
pauvreté d'un parent. Alors, on le garde au régiment, en le dispensant d'abord des exercices et
en le confinant même à l'infirmerie, s'il ne peut
faire de corvées. Il traîne ainsi quelque temps
allant de la chambrée aux locaux de garde, se
déprimant et dépérissant dans un milieu malsain.
C'est un indisponible perpétuel, en attendant que
ce soit un réformé.

Mais le maire délivre ordinairement le certi-
ficat demandé. Aussitôt le convalescent reçoit son
congé, le service de l'intendance lui paie son
voyage au pays, — et le voilà parti !

Le voilà parti, et, quand il arrive chez lui, ses
voisins, ses camarades, ses parents l'accueillent
et le régalent de leur mieux. On le fête ; et le
pauvre diable, depuis longtemps déshabitué de
tout excès, — doit subir les assauts répétés
d'une cordialité paysanne ou faubourienne qui
ne va pas toujours sans dommage pour sa santé
encore chancelante. Après quoi, comme il faut
vivre, il endosse la blouse ou la cotte, il reprend

ses outils, il s'engage pour une fenaison, pour une moisson, pour une vendange, pour un charroi, ou bien, s'il est de la ville, on le voit recommencer pour quelques semaines son fatigant métier d'autrefois...

Son congé fini, il né s'est guère reposé; il ne va pas mieux qu'au sortir de l'hôpital; mais, s'il veut obtenir une prolongation, il faut qu'il passe à la visite, devant un médecin militaire.

Il se présente donc devant un major qu'il n'a jamais vu auparavant et qui, — c'est l'invariable habitude en pareil cas, — examine aussitôt ses mains. Si elles sont calleuses, le praticien averti n'a pas de peine à reconnaître les traces d'un travail récent; dès lors, en vertu du raisonnement simpliste que vous devinez, il conclut à la guérison complète : en effet, l'homme qui a manié la pelle ou la pioche, ou la faux, l'homme qui a tenu le manche de la charrue, tordu les liens des bourrées ou enfourné le pain, doit être en état de porter le fusil, de tirer le sabre ou de servir le canon!...

On ne se demande pas si le travail dont on voit les stigmates a été nécessaire pour subvenir aux besoins journaliers d'un malade. Ce doit être un gaillard en bonne santé, puisqu'il a des durillons! Qu'il rejoigne!

Il rejoint. A partir de ce moment, il est sans cesse mal portant; il s'affaiblit; la tuberculose, qui le guettait, l'a saisi et ne le lâche plus. Quelquefois, on ne juge plus utile de le renvoyer à l'hôpital : on le licencie, on le libère comme incurable, et l'on se hâte même, alors, de le renvoyer vers la misérable demeure d'où il est venu, car il importe avant tout qu'il ne succombe pas à la caserne : il faut veiller aux tables de mortalité ! Il faut sauver l'honneur des statistiques ! Il faut démontrer par des chiffres que l'on ne meurt pas plus au régiment que dans les villes ou à la campagne...

Le remède à un tel mal ? C'est le bon sens qui l'indique, et d'ailleurs, si nous mettions un peu plus d'empressement à réaliser des projets utiles, celui-ci serait appliqué depuis plusieurs années déjà, car c'est en 1901 que mon collègue et ami le Dr Lachaud, député de la Corrèze, dans un remarquable rapport fait au nom de la commission d'hygiène publique « sur la prophylaxie de la tuberculose dans l'armée », l'a chaudement recommandé... à l'avant-dernière législature.

Il faut créer des dépôts de convalescence.

Il faut fonder de véritables colonies de repos physique et moral pour nos petits soldats sortant de l'hôpital.

Pourquoi donc n'auraient-ils pas aussi leurs villas, leurs sanatoria ou même leurs châteaux, ces humbles et dévoués serviteurs du pays, ces hommes qu'on a pris à leur famille, à leur atelier ou à leur métairie, et que l'on a jetés dans la chambrée, pêle-mêle ?

Pourquoi, s'ils ont souffert de cette rude épreuve et s'ils y ont perdu la santé, ne chercherait-on pas à leur rendre toutes leurs forces et à réparer ainsi le tort qu'on leur a fait ?

La dépense ? Je crois que, si elle devait être considérable, nous ne devrions pas encore reculer devant elle ; mais il n'en est rien, et l'effort à faire n'est certes pas au-dessus des ressources d'un pays comme le nôtre.

Pour qu'il y ait dans les différentes régions de la France des asiles où puissent être groupés, sous les climats convenables, les hommes relevant de fièvre typhoïde, de scarlatine, de broncho-pneumonie, de pleurésie, de rhumatismes aigus, etc., que faut-il ?

Tout d'abord, je dois faire remarquer que la nourriture et l'entretien des convalescents, ainsi recueillis, sont assurés par les crédits ordinaires du budget. Ici ou là, au régiment ou à l'asile, ce sont des unités qui coûteront le même prix. Les soins médicaux, donnés par des médecins et des pharmaciens militaires, seront également soldés sur les chapitres existants, ainsi que les frais d'administration.

On peut chiffrer au total de cinq ou six millions ce qu'il en coûterait pour acquérir et aménager des propriétés existantes, des maisons, des pavillons, des villas, entourés d'herbages et de bois et baignés de l'atmosphère saine et fortifiante qu'il faut aux échappés de la vie de garnison, aux victimes des campements malsains dans la boue, sous la neige et le vent.

Ces millions, qui donc nous les donnera? — Le Parlement!

Comment pourrait-il hésiter, quand il s'agit du salut de tant de braves enfants, que leurs familles ont prêtés à la France alors qu'ils étaient robustes, et que la France doit rendre bien portants à leurs familles?

C'est justement parce qu'en temps de guerre elle compte que ses soldats seront prêts à lui donner leur vie, qu'elle doit, en temps de paix, faire de son mieux pour la leur conserver.

Et au bout du compte, pour avoir le droit d'exiger un jour de ses défenseurs tout le sang de leurs veines, la Patrie doit leur prouver de temps en temps qu'elle les aime et les soigner vraiment comme ses fils.

Il faut créer des asiles pour les convalescents de l'armée!

Il faut sauver nos soldats!

IX

L'ART DE DÉSERTER

Tous les hommes qui s'intéressent à l'avenir de notre armée (pour peu qu'ils se tiennent au courant de ce qui s'y passe) commencent à s'inquiéter de la proportion croissante des insoumis et des déserteurs relevée au cours de ces dernières années.

Les chiffres que voici ont, en effet, une éloquence frappante :

On comptait, en 1898, 390 insoumis en moyenne par mois ; on en a compté 650 en 1905 et 840 en 1906 !

Il y avait, en 1898, 158 déserteurs en moyenne par mois ; il y en a eu 183 en 1903, 195 en 1904, 223 en 1905 et 264 en 1906 !

D'où provient cette augmentation considérable et constante ? On a dû s'en préoccuper au ministère de la Guerre.

Oui, on l'a fait ! Oui, des enquêtes ont été prescrites pour découvrir l'origine et la cause réelle de ce mouvement de plus en plus accentué. Seulement, je crois que l'on s'est trompé, en comparant ce qui se passait sous le régime de la loi de cinq ans ou sous celui de la loi de trois ans à ce qui se passe avec le service de deux ans.

Ce n'est pas là qu'il fallait regarder. Il est absurde de supposer *a priori* que, moins on reste au régiment, et plus il y a de réfractaires! La preuve en est, d'ailleurs, que les chiffres enregistrés chaque année ont commencé de croître bien avant 1905, où la dernière réforme a été votée.

Ce qui est vrai, ce que le bon sens indique, c'est que la fréquence des lois d'amnistie et leur application imprudente, sans aucune précaution ni réserve, à tous les Français ayant fui la caserne ont seules causé la fréquence extraordinaire des insoumissions et des désertions.

Nous avions autrefois une amnistie à peu près tous les neuf ans; depuis les neuf dernières années nous en avons eu quatre!

On en a voté une le 27 avril 1898;

Une autre le 27 décembre 1900;

Une autre encore le 1er avril 1904;

Une dernière enfin le 12 juillet 1906.

Or, comme les délais légaux pour effectuer les soumissions vont jusqu'à dix-huit mois, il fallait se demander si l'espoir de l'impunité, fondé sur la fréquence des amnisties (elles sont votées en moyenne maintenant tous les vingt-sept mois!), n'a pas incité à la désertion les hommes qui trouvaient trop lourde la charge imposée à leur patriotisme.

D'autre part, la bienveillance obstinée du législateur a notablement atténué les conditions auxquelles était subordonné, pour les réfractaires amnistiés, l'oubli de la faute commise.

Les lois antérieures au 1er avril 1904 imposaient l'obligation du service actif aux déserteurs ou insoumis célibataires âgés de moins de trente-cinq ans; les lois de 1904 et de 1906 ont abaissé cette limite à trente ans.

En fait, à de très rares exceptions près, les hommes non mariés qui demandent à bénéficier de l'amnistie sont ceux qui, ayant passé la trentaine, n'ont plus de service actif à accomplir.

Et ceux-là mêmes qui devraient faire partie de l'armée de seconde ligne s'abstiennent également en immense majorité. Ils attendent.

J'ai sous les yeux un rapport signé par un de nos meilleurs commandants de corps d'armée, il y a trois ans (bien avant l'application de la loi du service réduit, qui n'était pas encore votée). Il s'exprime ainsi au sujet des résultats donnés par l'application de la loi d'amnistie du 1er avril 1904:

« Sur 925 insoumis ou déserteurs âgés de moins de quarante-cinq ans, à qui la loi n'accordait l'amnistie qu'à la condition de servir (ne fût-ce que dans l'armée territoriale), 21 seulement ont fait leur soumission.

« Si de ce chiffre on déduit 2 hommes qui ont déjà déserté à nouveau et 1 autre, qui était incarcéré dans une prison civile pour un délit de droit commun et qui a été amnistié en quelque sorte d'office, il ne reste que 18 soumissions volontaires et sincères à enregistrer, contre 904 décisions contraires. »

Ai-je raison, après cela, de prétendre que de trop fréquentes amnisties pour les insoumis et les déserteurs sont une duperie où se laisse prendre le Parlement, puisque les seuls qui veuillent en profiter sont, la plupart du temps, ceux qui ont réussi, comme ils disent, à « couper au drapeau »!

Il n'y en a pas un sur cinquante qui accepte de servir son pays, pour y rentrer!

Grâce à nos amnisties à jet continu, la désertion est devenue un art.

Quand un réfractaire a dépassé trente ans, il peut revenir tranquillement et narguer les camarades qui se sont laissé enrégimenter. Lui, c'est dans la réserve ou dans la territoriale qu'il consentira, de temps en temps, à se montrer. Et encore!...

Est-ce qu'il ne devrait pas cependant être tenu, tant qu'il n'a pas atteint l'âge de quarante-cinq ans, de parfaire le temps d'activité qu'il devait au moment de sa fuite, sauf à être incorporé dans les services auxiliaires, s'il n'est plus en état de porter les armes?

Mais je ne me suis occupé encore, dans ce qui précède, que des célibataires. Pour les hommes mariés ou pères d'enfants reconnus, insoumis ou déserteurs, les conséquences de la loi d'amnistie sont également assez singulières.

En effet, ils sont tenus, comme tous les autres Français, d'accomplir leur service actif, et cependant voilà qu'ils ont un moyen légal de s'y soustraire. Il leur suffit d'aller passer trois ans à l'étranger pour se voir exonérer désormais de toute obligation militaire et pour rentrer en France, à vingt-quatre ans, avec un casier judiciaire intact!

Pour cela, il leur aura suffi de contracter mariage en Angleterre ou en Amérique, ou de reconnaître un de ces petits êtres que notre excellente Assistance publique accueille si maternellement quand leurs parents n'en ont plus besoin!

D'ailleurs, il convient de faire observer que les réfractaires qui se sont réellement mariés et honorablement établis hors de nos frontières consentent rarement à rentrer, en abandonnant une situation acquise et sans savoir s'ils en retrouveront une équivalente. Ceux qui nous reviennent ce sont les non-valeurs, dont n'a voulu personne.

Une autre conséquence non moins bizarre de la façon dont on vote et dont on applique les lois d'amnistie en matière militaire, c'est la suivante :

La France, qui était autrefois assez riche pour payer sa gloire, se trouve assez fortunée encore pour payer ceux qui se moquent d'elle. Alors, en effet, qu'un homme a quitté son régiment à ses frais pour ne pas la servir, elle lui offre son voyage de retour, s'il désire obtenir le pardon de sa faute, et cela entraîne des frais parfois considérables, sous le couvert des pires escroqueries.

Par exemple, un déserteur, en résidence à San-Francisco, demande son rapatriement à notre consul. Celui-ci est obligé de le faire diriger immédiatement sur New-York, mais il n'a aucun moyen de contraindre ce voyageur, dont il a soldé le ticket pour la traversée de l'Amérique, à prendre ensuite le paquebot pour Le Havre ou Cherbourg, à l'effet de rejoindre son régiment.

Il arrive ainsi fréquemment que nos agents diplomatiques ou consulaires transmettent les déclarations de retour d'individus qui ne rejoignent jamais et qui ont trouvé le moyen de se promener à travers le Nouveau Monde aux frais des contribuables français.

Nous avons, en vérité, une sollicitude étonnante pour des hommes qui n'ont cependant rendu aucun service au pays.

C'est ainsi que la dernière loi d'amnistie, celle du 12 juillet 1906, a apporté des modifications importantes aux dispositions antérieures, en proclamant l'oubli des « faits accessoires ou connexes à la désertion, ces faits eussent-ils entraîné une condamnation spéciale par contumace. »

A la faveur de ce texte, un voleur ou un assassin est admis au bénéfice de l'amnistie, si le vol ou l'assassinat a été commis, pour faciliter la désertion ou pour en assurer l'impunité. Or, il est loisible à tout voleur de prétendre que l'argent qu'il s'est approprié ou l'arme qu'il a dérobée étaient destinés à lui faciliter la fuite, et que, s'il a frappé, c'était pour mieux se sauver!

Comment le délit d'évasion peut-il effacer le crime de meurtre?

La vérité, c'est que nous avons sacrifié imprudemment à une sentimentalité néfaste; c'est que nous avons contribué de nos mains à détendre dans ce pays le lien des obligations militaires, en favorisant par d'imprudentes dispositions législatives l'industrieux égoïsme des mauvais Français. Le mal que nous constatons aujourd'hui et dont commencent à s'émouvoir les chefs de l'armée vient de là. Il vient de ce que nous avons pardonné, amnistié, comme un délit insignifiant, l'acte de se soustraire à une obligation sacrée qui pèse sur tout le monde.

Non, ce n'est pas là une faute comme les autres, ni que l'on doive pardonner sans conditions!

C'est la plus grave que puisse commettre un citoyen, et il est nécessaire de la racheter loyalement, en payant de sa personne, pour qu'elle soit effacée.

Que désormais l'on ne puisse plus compter sur la périodicité commode des amnisties, et vous verrez si nous ne constatons pas une baisse dans la statistique des désertions!

X

LA QUESTION DES SOUS-OFFICIERS

La valeur d'une troupe est fonction de celle de ses cadres, et, à ce point de vue, le nombre, la vigueur physique et morale et l'instruction professionnelle des cadres inférieurs sont des éléments d'une importance considérable.

Je ne parlerai ici que du nombre, car, en ce qui concerne la valeur morale et militaire des sous-officiers, notre armée ne craint la comparaison avec aucune autre.

Mais au point de vue des effectifs, au contraire, nous sommes loin de réaliser les chiffres obtenus en Allemagne, par exemple, pour un effectif de paix à peu près équivalent.

Le nombre de nos sous-officiers est, en effet, légalement de 41 000, et sur ce chiffre la loi du 21 mars 1905 limite aux trois quarts, c'est-à-dire à 31 000 environ, le nombre des rengagés. En regard, l'armée allemande dispose de 83 000 sous-officiers rengagés.

En examinant la situation de près, la comparaison est encore plus à notre désavantage, car, chose extraordinaire, ce n'est nullement dans les troupes combattantes que l'on compte la plus grande partie des rengagés, mais bien dans les services accessoires, sections d'administration, recrutement, justice militaire, etc., alors que nos voisins de l'Est ont recours, depuis longtemps, à des employés civils pour la plupart de ces fonctions, qui n'ont de militaire que le nom.

Prenez comme exemple la 20e section de secrétaires d'état-major et de recrutement; elle a dans ses cadres plus de 150 sous-officiers, de quoi encadrer plus de deux régiments d'infanterie !

Bien plus, nous faisons disparaître impitoyablement, au bout de quinze ans de services, la plupart des sous-officiers de troupe, sauf une catégorie qui est précisément celle des employés, secrétaires, gardes-magasins ou gardes-chiourmes, musiciens ou maîtres ouvriers, et c'est à ceux-là qu'iront toutes les faveurs.

Qu'on en juge !

Un excellent sous-officier n'obtient actuellement la médaille militaire qu'à vingt ans de services. Seuls, les employés militaires seront, dans l'avenir, susceptibles de recevoir cette distinction, puisque, seuls, ils pourront continuer à servir dans l'armée après quinze ans.

D'autre part, la loi de 1905 n'a pas créé un sous-officier de plus, mais elle a modifié la proportionnalité des emplois de sous-officier que peuvent tenir les rengagés, et cette modification entraîne un certain ralentissement dans les nominations de sergent-major et d'adjudant.

Si ce ralentissement, qui va être aggravé par la suppression des quatrièmes bataillons, n'avait pour effet que de retarder la nomination, ce ne serait que demi-mal ; mais, il a malheureusement sa répercussion sur les retraites.

Autrefois, en effet, tout sous-officier méritant finissait sa carrière comme adjudant et avait une retraite majorée d'une centaine de francs. Maintenant, il n'y a pour ainsi dire pas de corps de troupe où un sous-officier soit nommé adjudant avant treize ans et demi ou quatorze ans de services ; et, comme la loi de 1905 spécifie, en son article 65, que *la pension de retraite se règle sur le grade et l'emploi du titulaire, s'il en est investi depuis deux années consécutives, et sur le grade ou l'emploi inférieur, dans le cas contraire ;* puisque, en outre, la durée des services militaires est limitée à quinze ans pour les sous-officiers de troupe par la même loi, nous sommes amenés à conclure que, d'ici peu, *aucun sous-officier de compagnie, d'escadron ou de batterie ne pourra se retirer avec la retraite d'adjudant.* Pour avoir cette faveur, il faudra se faire caser dans les catégories demi-civiles des tableaux H et I de la loi de deux ans.

Tout homme de bon sens conviendra sans doute avec moi que les dispositions actuelles, offrant en réalité des primes aux services accessoires, au détriment des corps de troupe, sont mauvaises et doivent être modifiées.

Cela établi, je dois reconnaître que la loi de 1905 a cherché, par des avantages pécuniaires sérieux, attribués aux caporaux rengagés, à remédier en partie à l'insuffisance numérique actuelle des cadres inférieurs de l'armée ; mais je dois aussi constater, avec autant de sincérité, que, sur ce point, la loi de deux ans n'a pas donné les résultats qu'on en attendait, car, sur les 23 000 caporaux rengagés que doit nous donner la loi, nous en avons 8 000 à peine, dont 6 000 existaient auparavant dans les cadres.

Quelles peuvent bien être les causes du peu d'empressement manifesté par les caporaux à profiter des avantages réels conférés par la loi aux rengagés ? Je ne saurais mieux faire, pour éclairer mes lecteurs à ce sujet, que de les engager à lire le remarquable discours prononcé à la tribune du Sénat, le 4 juillet dernier, par M. le général Langlois ; tout y est à approuver ; rien n'y est à redire ; on y trouve aussi le remède à la situation. Je n'aurai qu'à le reprendre.

J'ajouterai même aux arguments présentés par M. le général Langlois qu'un caporal se rengagera le plus souvent avec l'espoir de devenir sous-officier. Or, de quel œil ne verra-t-il pas un jeune conscrit, arrivé au régiment un ou deux ans après lui, nommé sous-officier avant sa libération, alors que lui, caporal rengagé, ne peut pas être nommé sergent par la seule raison parfois que le cadre des sous-officiers rengagés est au complet? Et n'y aurait-il pas tout avantage, puisque, tôt ou tard, le caporal rengagé arrivera au grade de sous-officier et acquerra ainsi les avantages matériels réservés aux sous-officiers rengagés, n'y aurait-il pas tout avantage, dis-je, à lui donner la situation de sous-officier — sauf à créer plusieurs grades dans cette situation — et à laisser les fonctions de chef de chambrée au plus ancien soldat de la chambre?

L'article 59 de la loi du 21 mars 1905 fixe à la moitié de l'effectif le nombre des caporaux et brigadiers qui peuvent être admis à rengager, soit 23 000 sur un effectif total de 46 000.

Admettons que le grade de caporal soit supprimé, comme on annonce qu'il va l'être, et que les 23 000 caporaux rengagés soient remplacés par un même nombre de sous-officiers, nous disposerions, en somme, de 64 000 sous-officiers, chiffre sur lequel on pourrait établir, aux *deux tiers*, celui des rengagés (je dis deux tiers au lieu de trois quarts, pour tenir compte des cadres qui pourraient être avantageusement remplacés par des employés civils).

L'armée compterait ainsi 42 500 sous-officiers rengagés et 21 500 sous-officiers non rengagés, soit une augmentation respective de 11 500 rengagés et 11 500 non rengagés.

Un caporal non rengagé coûte à l'Etat un supplément de 84 francs par an sur le coût d'un simple soldat, et le supplément de dépenses qu'entraîne un caporal rengagé est annuellement de 450 francs. La suppression des 46 000 caporaux réaliserait donc sur les prévisions de dépenses une économie annuelle de $84 \times 23\,000 + 450 \times 23\,000 = 12\,282\,000$ francs.

Un sergent non rengagé coûte un supplément annuel de 263 francs; le sergent rengagé avant la sixième année de service nécessite une dépense supplémentaire de 628 francs. Le remplacement des caporaux par un nombre moitié moindre de sous-officiers entraînerait une dépense de

$$263 \times 11\,500 + 628 \times 11\,500 = 10\,246\,500 \text{ fr.}$$

La solution proposée se traduirait donc par une économie budgétaire annuelle de plus de deux millions sur les prévisions de dépenses afférentes à la loi de 1905. Qui pourrait dès lors s'opposer à son adoption?

J'ajouterai que cette solution ferait disparaître un des gros inconvénients de la suppression des quatrièmes bataillons, suppression qui entraînera, pendant deux ou trois ans, un surcomplet des cadres de rengagés et, par suite, l'impossibilité, pour certains corps, d'accepter, d'ici quelque temps, de nouveaux rengagements. Enfin, elle est urgente en raison de l'instruction intensive que nécessite la réduction du temps passé par la nation sous les drapeaux.

Dans cette nouvelle organisation, j'estime qu'il conviendrait d'augmenter la proportion des adjudants par rapport aux autres emplois de sous-officiers. D'autre part, nous avons reconnu la nécessité de modifier les errements administratifs en simplifiant considérablement les écritures et les comptes des compagnies, escadrons ou batteries. Dès lors, il serait possible de remplacer les sergents-majors actuels par de simples fourriers désignés à tour de rôle, pour un an, parmi tous les sous-officiers, et, simultanément, de donner l'appellation et les galons de sergent-major à la moitié environ des sous-officiers, notamment à ceux dont le rengagement est prolongé au delà de cinq ans de services et pour lesquels la loi de 1905 prévoit une solde mensuelle.

On pourrait également envisager l'augmentation des retraites proportionnelles et leur réversibilité sur les veuves de sous-officiers qui, dans la législation présente, n'ont droit à rien à la mort du chef de famille. Il serait désirable aussi d'accorder la médaille militaire, dans une proportion à déterminer, aux plus méritants des sous-officiers que la loi oblige à partir à 15 ans de services.

Dans un autre ordre d'idées, il y aurait lieu de classer dans la catégorie des emplois civils la majeure partie des employés des bureaux de recrutement, des hôpitaux, des magasins administratifs, etc., pour rendre tous les sous-officiers rengagés à leur véritable mission, qui est d'instruire la troupe.

Enfin, comme mon collègue, M. Gouzy, je pense qu'il serait avantageux de voir attribuer un bon nombre d'emplois d'officier comptable à des anciens adjudants, avec la solde et la retraite de lieutenant.

Toutes ces améliorations ne se feront évidemment pas sans frais pour le budget, mais j'espère bien démontrer que, tout compte fait, les dépenses qu'elles entraînent peuvent être compensées par des économies réalisées sur d'autres points.

Il me reste à examiner la question au point de vue de l'encadrement des unités, du bataillon, par exemple. Le bataillon actuel comprend 5 adjudants, 4 sergents-majors, 28 sergents et fourriers et 37 caporaux ; au total, 74 gradés. La solution proposée lui affecterait 62 sous-officiers, répartis dans le système d'organisation ternaire, savoir : 2 à l'état-major du bataillon, 20 à chacune des 3 compagnies ou 10 à chacun des 6 pelotons de manœuvre. La proportion des grades serait de

7 adjudants, 27 sergents-majors et 28 sergents.

Je n'insisterai pas sur les avantages de cette organisation ; je me borne à dire qu'elle double l'encadrement actuel sans dépenses nouvelles, qu'elle relève la situation des sous-officiers et qu'elle nous permettrait vraisemblablement de retenir d'excellents éléments qui cherchent actuellement une meilleure voie dans d'autres carrières.

DEUXIÈME PARTIE
Nos officiers

————

I

LA CRISE DE L'AVANCEMENT

La question de l'avancement est peut-être celle qui préoccupe le plus, et à juste titre, les cadres de l'armée.

Comparable au ressort qui tient à l'état de tension continue un mécanisme d'horlogerie, l'avancement est, pour ainsi dire, un stimulant de l'activité, un excitateur d'énergie. Sous son action, l'officier ne ménage pas ses efforts et consacre toute son ardeur à sa tâche.

Un élément de cette importance ne saurait donc être négligé par ceux qui ont la direction des forces vives de l'armée ! Et pourtant, il ne paraît pas que l'on s'inquiète beaucoup, en haut lieu, des conditions actuelles de l'avancement, plutôt mauvaises comme nous allons le voir.

C'est qu'en effet, il faudrait envisager non pas les dispositions légales ou administratives réglant le passage d'un grade à un autre, car ce n'est qu'un des côtés de la question, mais bien les moyens d'assurer, avec de bonnes garanties de régularité et de justice, l'amélioration progressive de la situation matérielle et morale de l'officier.

Or, jusqu'à ce jour, on s'est exclusivement préoccupé du premier point. De là, les nombreuses dispositions prises et changées depuis une vingtaine d'années, et dont le plus grave défaut est précisément de varier constamment. Elles ne constituent même pas des palliatifs à la crise actuelle, car, loin de remédier à la situation, elles retardent, par les discussions qu'elles entraînent, une solution dont l'urgence est cependant immédiate.

Il y a incontestablement, depuis quelques années, un grand ralentissement dans l'avancement des officiers ; c'est une véritable crise, dont les effets commencent seulement à se faire sentir, mais dont la gravité, déjà sérieuse, est pourtant insignifiante auprès de ce qu'elle sera dans une dizaine d'années, si l'on n'y avise au plus vite.

Cette crise est particulièrement sensible pour le cadre des lieutenants ; et, précisément, à cause de cela, elle est de nature à jeter un certain découragement chez de jeunes officiers, d'abord pleins de feu, mais qui se voient maintenus trop longtemps dans une situation subalterne et insuffisamment rétribuée.

Il n'est malheusement pas possible de supprimer d'un trait de plume, avec leurs effets, les causes déterminantes de la crise actuelle; je veux seulement rappeler les deux principales, pour éviter qu'on y revienne à l'avenir; ce sont : 1° les créations exagérées d'emplois, faites de 1887 à 1893 (régiments régionaux, cadres complémentaires, quatrièmes bataillons, etc.) et réalisées immédiatement, dans un à-coup formidable qui, du premier jet, encombrait les cadres d'éléments trop jeunes, destinés par suite à tenir trop longtemps ces emplois; 2° les erreurs de prévision commises par les bureaux de la Guerre qui, pendant seize ans, ont fait entrer dans l'armée un nombre de sous-lieutenants supérieur de plus de moitié à celui des extinctions annuelles.

Au fond, que demandent nos officiers ? S'ils estiment suffisante au début une solde qui leur permet tout juste de faire face aux premiers besoins de la vie d'un célibataire, ils désirent avoir, du moins, à partir de trente ans, un traitement honorable qui, sans viser à la richesse, leur donne les moyens de créer un foyer, d'élever une famille. Voilà le vrai mobile de la soif d'avancement souvent reprochée à nos officiers. J'estime que ce motif en vaut bien d'autres.

Comment les cadres subalternes de notre armée sont-ils rémunérés ?

Le premier traitement d'un sous-lieutenant est de 6 fr. 50 par jour ; celui d'un lieutenant, de 7 francs au début, finit par atteindre, après neuf ans de grade d'officier, 8 fr. 30 par jour, soit 249 francs par mois ! A ce moment l'officier est âgé de trente à trente-cinq ans, et il reste encore cinq ans dans cette situation ! Avec ces appointements, l'officier est tenu à certaines obligations que le commun des mortels n'a pas : telles sont les dépenses de tenue, beaucoup plus élevées qu'on ne le pense généralement. Comparez cependant ce traitement à celui d'un bon ouvrier !

Dès lors, il est tout naturel que, dès le début de sa carrière, l'officier escompte plus ou moins l'avenir, c'est-à-dire une situation meilleure ; de là au désir d'arriver rapidement à cette situation, il n'y a qu'un pas. Comme les conditions actuelles de l'avancement sont assez défavorables ; comme, d'autre part, la nature humaine n'est pas parfaite on constate chez certains hommes quelques faiblesses ; on voit employer des procédés souvent discutables, parfois risqués, et toujours contraires à l'entente cordiale et à la bonne camaraderie.

Qui s'en étonnera ?

Quelles sont donc les conditions actuelles de l'avancement ?

Je prends l'infanterie pour exemple ; d'abord parce qu'elle a pour elle le nombre, puis parce que, fantassin de cœur, je connais bien le mal dont elle souffre ; enfin parce que la situation est à peu près analogue dans les autres armes, sinon pour un grade en particulier, du moins sur l'ensemble des grades de sous-lieutenant, lieutenant et capitaine.

Les officiers sortis des écoles militaires de Saint-Cyr et de Saint-Maixent de 1882 à 1886, et qui n'ont bénéficié d'aucun choix, sont parvenus au grade de capitaine à une ancienneté moyenne de dix à onze ans de grade d'officier (sous-lieutenant et lieutenant).

Actuellement, la génération qui passe à l'ancienneté à ce même grade de capitaine est sortie de Saint-Cyr en octobre 1892, ou de Saint-Maixent en avril 1893, à plus de quatorze ans de services d'officier, soit déjà avec un retard de près de trois ans sur ses aînés.

Mais cette situation est encore superbe par rapport à ce qu'elle va devenir ! Et combien peu se doutent, même parmi les intéressés, de ce que je vais démontrer !

Depuis 1887, en effet, jusqu'en 1902, soit pendant seize ans, les écoles militaires ont fait entrer, chaque année, dans les cadres de l'infanterie

une moyenne de 700 jeunes officiers (les chiffres
ont varié de 650 à 800), alors que la moyenne
annuelle des extinctions (promotions, démissions
réformes, décès) dans le grade de lieutenant, ne
dépasse pas, depuis nombre d'années, le chiffre
de 450. Comme il n'y a pas de motif pour que
ce dernier chiffre se relève, nous verrons chaque
année, d'ici à 1917, ainsi que nous l'avons vu
depuis six ans, 250 officiers (700 — 450) prendre à
la tête de l'Annuaire une ancienneté supérieure à
celle de la tête de liste de l'année précédente.

De 1900 à 1906, le retard apporté dans l'avancement des lieutenants se calcule ainsi qu'il suit :
$250 \times 6 : 450 = 3$ ans $1/3$. La réalité des faits
confirme le calcul.

Le même calcul, établi sur la période de 1907
à 1917, $150 \times 10 : 450 = 5$ ans $1/2$, indique
l'augmentation d'ancienneté qui résultera finalement de la situation actuelle pour la tête de
liste des lieutenants.

Nous verrons donc en 1917 des officiers qui
seront restés vingt ans dans les grades de lieutenant et de sous-lieutenant ! Nous aurons de
braves gens qui auront une situation à peu près
convenable et un commandement effectif (et encore !) à quarante ou quarante-huit ans d'âge,
suivant qu'ils seront entrés jeunes à Saint-Cyr ou
vieux à Saint-Maixent.

Cela suffit, je pense, pour démontrer la nécessité urgente de modifier la situation ! Et qu'on ne m'accuse pas de pousser les choses au noir : consultez les Annuaires de l'infanterie des dernières années et vérifiez l'exactitude de ces chiffres !

Continuons notre examen.

Arrivé au grade de capitaine entre quarante et quarante-huit ans, maintenu encore pendant deux, trois ou quatre années au cadre complémentaire, un officier pourra être atteint par la limite d'âge avant d'avoir exercé le commandement d'une compagnie. Pour les autres, les premières illusions seront depuis longtemps éteintes, leur activité aura déjà commencé à baisser. La valeur générale de l'armée en diminuera d'autant.

Dans le grade de capitaine, les officiers d'infanterie mettent quinze ans en moyenne pour arriver, à l'ancienneté, chefs de bataillon. Ceux qui sont nommés actuellement à ce grade appartiennent aux promotions favorisées de 1882 et 1883. Ils ont de quarante et un à quarante-huit ans d'âge ! Dans dix ans, les nouveaux chefs de bataillon auront de quarante-quatre à cinquante et un ans, et dans vingt ans, de cinquante à cinquante-six ans ! C'est-à-dire qu'à ce moment, plus de la moitié des capitaines, et en particulier tous ceux qui n'auront pas été nommés à ce grade au tour du choix, seront atteints par la limite d'âge avant de passer au grade de commandant ! Nous n'aurons presque plus d'officiers sortant du rang dans les cadres supérieurs de l'armée ! Est-ce là vraiment ce que désirent les représentants de la démocratie républicaine ?

Constatation plus grave encore : le recrutement du cadre des colonels et des généraux sera uniquement réservé, dans un avenir prochain, aux officiers qui auront bénéficié de choix exceptionnels, non seulement dans le grade de capitaine, mais encore dans celui de lieutenant, c'est-à-dire à un âge et dans des fonctions où l'on ne peut juger, en toute connaissance de cause, du savoir et du caractère d'un homme. Il y a là un grand danger qui doit être signalé.

Et l'on voudrait que les officiers conscients de cette situation ne se transformassent pas plus ou moins en arrivistes ! Voilà, bien plus que la politique, la cause première des excitations et des suspicions qui planent au-dessus de l'armée ! Je n'insisterai pas davantage sur ce sujet et je me résume :

La crise de l'avancement est réelle et sérieuse ; elle va s'aggraver d'une manière irréparable à bref délai, et des mesures urgentes sont nécessaires pour y remédier. Quelles peuvent être ces mesures ?

*
* *

Depuis 1902, on a considérablement diminué le nombre des admissions aux écoles militaires.

Actuellement, le nombre d'officiers demandés pour l'infanterie, à chacune des écoles de Saint-Cyr et de Saint-Maixent, est de 170, soit pour les deux et par an, 340. On ne saurait réduire encore ce chiffre sans risquer, en décourageant les candidats, de tarir d'une manière fâcheuse le recrutement de nos écoles militaires. Il faut donc chercher ailleurs les remèdes.

Avant tout, il semble nécessaire de relever la situation matérielle de l'officier, et en particulier celle des lieutenants et des capitaines de manière à permettre à tous et plus spécialement à ceux dont la carrière se terminera dans ce dernier grade, de vivre, eux et leur famille, honorablement et à l'abri du besoin. C'est à cela que doivent répondre les soldes progressives d'ancienneté dont j'ai déjà parlé[1].

En second lieu, le passage du grade de lieutenant à celui de capitaine devrait être uniquement du ressort de l'ancienneté : parce que, à ce moment, les choix s'égarent trop facilement sur des candidats dont le caractère n'est pas encore formé ; parce qu'ils amènent trop souvent des ambitions, des jalousies, des rancunes et qu'ils déprécient les consciences pour toute une carrière ; parce que la suppression de l'avancement au choix pour le grade de capitaine diminuerait d'un

---

[1] *Sommes-nous défendus*, par Charles Humbert, député, un volume. (Chez Juven, 1907.)

an et demi environ l'ancienneté moyenne de la tête de liste des lieutenants.

Comme contre-partie, l'avancement aux grades supérieurs n'aurait plus lieu qu'au choix ; l'officier dont le tour serait passé devant obligatoirement prendre sa retraite à trente ans de services. En outre, aucun officier ne pourrait être promu à un grade supérieur s'il n'a pas quatre ans de services à rendre dans ce dernier grade avant d'être atteint par la limite d'âge. C'est, en somme, l'avancement à l'ancienneté par sélection.

Mais la mesure la plus urgente (elle pourrait être réalisée immédiatement), consisterait à donner des retraites proportionnelles, à partir de quinze ans de services, à tous les officiers dont l'ardeur serait lassée, dont l'idéal se tournerait vers d'autres carrières pour le plus grand profit du pays et qui auraient l'énergie de se mettre à une nouvelle besogne, ce qui est encore possible à trente-quatre ou trente-cinq ans.

Admettons, pour l'infanterie, par exemple, que le nombre des demandes de retraites proportionnelles atteigne une moyenne annuelle de 180 (et ce chiffre sera probablement dépassé), tenant compte d'autre part que le nombre des démissions de capitaines et de lieutenants sera presque nul, nous verrons le nombre annuel des extinctions dans le grade de lieutenant passer de 450 à 600. En reprenant sur ce dernier chiffre le calcul que nous avons fait plus haut, nous trouvons que l'augmentation maxima d'ancienneté qui se produirait pour les lieutenants au cours des dix années critiques 1907-1916, serait seulement $100 \times 10 : 600 = 1$ an et 8 mois : ramenée d'ailleurs à zéro par la suppression de l'avancement au choix.

A partir de 1917, les conditions d'avancement iraient, par contre, en s'améliorant rapidement. Le nombre des entrées annuelles dans le cadre des sous-lieutenants ayant été maintenu pendant six ans au chiffre de 340 et le nombre des extinctions restant à 600, l'ancienneté de la tête de liste des lieutenants serait ramenée, en 1923, à onze ans environ de grade d'officier.

Comme conséquence, il est possible, le jour même où l'on ouvrira la porte aux retraites proportionnelles, d'augmenter les admissions aux écoles militaires du chiffre correspondant au nombre de demandes de retraites ; l'équilibre s'établira ensuite de lui-même et logiquement.

J'examinerai à part les autres avantages que procurerait à l'armée l'ouverture des retraites proportionnelles. Qu'il me suffise pour le moment d'affirmer que cette mesure peut être réalisée non seulement sans frais pour le budget, mais encore avec une économie réelle et notable.

Quant à la loi d'avancement, elle deviendrait, avec les mesures ci-dessus, d'un intérêt purement secondaire. La situation matérielle de l'officier étant améliorée, sa soif d'avancement, pour ne pas dire son ambition, n'étant plus excitée pendant les vingt premières années de sa carrière, il y aurait quelques chances de voir les consciences rester honnêtes et les caractères rester droits. On pourrait alors ne plus tenir compte des intérêts personnels ; on pourrait n'envisager que le seul intérêt de l'armée qui est celui du pays ; on pourrait réserver au moins l'accès des hauts grades, non pas aux officiers qui ont rendu des services, mais à ceux qui sont encore capables d'en rendre, à ceux enfin en qui la France et la République pourraient mettre leur espoir commun en toute certitude et en toute confiance.

II

L'OFFICIER BREVETÉ

Le capitaine X... est un officier exceptionnellement bien doué, qui a subi de la manière la plus
brillante les examens du début de la carrière
militaire et qui, depuis lors, n'a cessé de s'affirmer comme un excellent conducteur d'hommes,
bienveillant, instruit et plus rude pour lui-même
que pour ses subordonnés. Son intelligence,
curieuse de progrès de toutes sortes, est largement ouverte aux idées générales; il sait évoluer
avec son temps ; il est actif, enthousiaste, et, par-
dessus tout, il désire passionnément être utile à
son pays.

Il se présente à l'École supérieure de guerre
et est admis à en suivre les cours. C'est, en effet,
le moyen — on le lui a dit et il le croit — de
sortir du cercle étroit d'une compagnie, d'une
batterie, d'un escadron, d'un régiment même, et
d'étendre ses vues jusqu'à la formation et à la
conduite des armées.

Le voilà redevenu écolier, à trente ans, pour

apprendre à gravir cet échelon par où l'on accède aux régions privilégiées de l'état-major.

On lui enseigne tout du grand art militaire : l'histoire des campagnes illustres du passé, les secrets de la tactique générale, l'application pratique des principes d'évolution et d'emploi de chaque arme dans un ensemble savant, les durés besognes du commandement, les procédés les meilleurs pour le transport des troupes d'un point à un autre, pour leur ravitaillement en vivres et en munitions, pour leurs formations de combat et la défense des places fortes.

Entre temps, il a entendu formuler en ces termes la définition du but de l'enseignement donné à l'Ecole :

L'état-major est créé pour venir en aide au commandement, à l'effet de coordonner l'action des divers services de l'armée, d'en assurer le fonctionnement d'ensemble et la belle harmonie.

C'est son rêve même que résume cette phrase élégante et pompeuse. Le voilà donc au comble de ses vœux ! Il écoute, il prend des notes, il travaille.

Il a bien, à la vérité, la surprise d'entendre un de ses maîtres — celui-là précisément qui est titulaire du cours d'état-major — reconnaître que le « *Bulletin officiel du ministère de la Guerre* » *présente un chaos de circulaires souvent confuses, quelquefois contradictoires, qu'il serait pourtant* bien facile de condenser et de réduire dans une très notable proportion, au plus grand avantage de la clarté et de la précision des affaires qu'elles concernent.

Mais il s'est dit que ce jugement sévère et définitif porterait, sans aucun doute, ses fruits, et que, selon le désir des plus clairvoyants serviteurs de l'armée, exprimé formellement dans une chaire officielle, « on finirait par réunir en un seul fascicule toutes les questions relatives à un même service, et par brûler ensuite ce « Bulletin officiel » avec les innombrables archives, décisions, instructions, etc., antérieures à la codification ainsi achevée »...

C'est dans cet espoir qu'il se résigne à feuilleter une dernière fois ce fatras de documents pour essayer d'en extraire une moelle absente, et que, toujours plein de confiance et d'ardeur, il aborde enfin les examens de sortie.

Le voilà breveté d'état-major. Le voilà solennellement désigné comme un officier capable de remplir les fonctions les plus délicates, de faciliter leur tâche aux généraux d'armée, de connaître enfin non plus seulement le corps où il a fait ses débuts, mais tous les autres, que lui montreront de près les stages successifs. Il est d'avance désigné pour d'intéressantes épreuves et pour d'utiles besognes.

L'avenir est à lui !...

Hélas! quel contraste humiliant et douloureux entre le rêve et la réalité! Quelle chute, lorsque pour succéder à ces travaux intellectuels, à ces discussions librement ouvertes et scientifiquement dirigées à la poursuite incessante du mieux, il faut s'asseoir à un vrai bureau d'état-major, se livrer exclusivement à une besogne de rond-de-cuir, et encore, et toujours, et plus que jamais se remettre à la recherche des « précédents » et des « circulaires antérieures » du *Bulletin officiel!*

Car elle subsiste comme si elle était intangible, cette effrayante et absurde collection de 104 volumes où il y a de tout, des objurgations, des ordres, des règlements, des invitations, des communications, des instructions périmées, des regrets, des explications, des naïvetés et surtout des inutilités! Il faut quand même la compulser! Il faut, en toute occasion, s'y reporter afin de ne manquer à aucune des prescriptions qu'elle recèle en ses flancs poudreux!...

Impossible d'imaginer une déception plus absolue et plus cuisante... Comment continuer de s'intéresser aux choses de l'armée, quand, au lieu de pouvoir étudier de près ce qui fait sa force et sa valeur, il faut s'absorber de nouveau dans les pensums les plus absurdes?

Où est-il, en France, l'état-major où l'on trouve quelques instants, chaque semaine, pour faire un exercice de cadres, un travail extérieur, une étude historique, un *kriegspiel* sur la carte, ou pour assister à une manœuvre de garnison ? Je défie que l'on m'en cite un seul, et cependant n'est-il pas évident pour tout le monde que de telles occupations devraient être, pour nos stagiaires et pour leurs chefs, le métier de tous les jours, l'unique et absorbante étude ?

Les hommes ont beau changer, la tradition reste immuable. Rien ne vient corriger ni même atténuer l'emprise du régime bureaucratique. Aussi, qu'arrive-t-il ? C'est que beaucoup se découragent ; des hommes qui auraient été de grands soldats renoncent à la gageure impossible de remonter un courant trop fort pour eux.

C'est un mal qui sera bientôt sans remède.

Comment l'enrayer de suite ?

C'est au-dessus des états-majors qu'il faut d'abord viser : c'est dans les traditions bureaucratiques de l'administration centrale qu'il faut porter le premier coup de pioche. Tant que nos directions, nos comités et nos commissions imposeront aux commandants de corps d'armée des besognes et des responsabilités pour lesquelles ils ne sont pas faits ; tant qu'on demandera aux généraux en chef de s'absorber dans des enquêtes sur les fournitures de couchage des ordonnances ; tant qu'on exigera d'eux des « écritures » quotidiennes aussi abondantes et aussi absorbantes que celles d'un greffe de tribunal, ils n'auront point le temps de remplir leurs vrais devoirs militaires ni de les faire partager aux officiers sous leurs ordres.

C'est au code de l'armée qu'il faut s'attaquer avant tout, c'est à la charte de l'état-major, c'est à ce *Bulletin officiel du ministère de la Guerre*, qui transforme nos officiers les uns en scribes et les autres en rats de bibliothèque.

Un de nos plus brillants officiers généraux disait récemment :

« Les règlements administratifs de l'armée et le service courant sont inspirés par une méfiance qui ne s'accorde guère avec l'initiative prônée par les règlements de manœuvre ! »

C'est la vérité même, et si l'on veut avoir, dans les régiments comme dans les états-majors, des officiers « allants », énergiques, pleins d'initiative et de confiance, il ne faut pas surcharger leurs poches de toute cette paperasse ; il faut leur laisser les mains libres et l'esprit net.

Décentralisez-moi donc un peu ces bureaux du commandement, où toutes les affaires qui intéressent l'armée sont entassées les unes sur les autres ! Limitez l'action des états-majors proprement dits à la préparation et à la conduite de la guerre ! Donnez à chaque échelon de la hiérarchie militaire sa part d'initiative et de responsabilité ! Rendez aux directeurs régionaux l'étude et la solution des questions purement techniques qui concernent leur service particulier! Faites représenter enfin ces services par des techniciens, voire des intendants et des médecins, au sein même des états-majors du territoire!

Est-il vraiment indispensable, je vous le demande, de passer par l'École de guerre pour être apte à traiter des affaires de recrutement, d'appels de réservistes, de remonte, de masses, de pensions, de secours et, d'une manière générale, toutes les questions de personnel qui font l'objet du service courant? Ne serait-il pas cent fois préférable d'avoir pour ces détails un personnel spécial d'officiers adjoints d'état-major, et, pour cette besogne pacifique et sédentaire, ne pourrait-on utiliser les officiers à fin de carrière et un peu fatigués, que les chefs de corps hésitent toujours à signaler comme inaptes à faire campagne, par égard pour les services rendus et pour les situations intéressantes?

Tout le monde y gagnerait, et notamment les corps de troupe, qui se verraient commandés par des chefs plus jeunes et plus vigoureux.

Avec cela, et en simplifiant l'organisation de nos états-majors, où il n'y a pas moins de cinq échelons (chef, sous-chef, chef de section, titulaires et stagiaires), — ce qui est trop, — on pourrait obtenir enfin que les belles et fortes études faites à l'Ecole de guerre par tant d'officiers intelligents et dévoués servissent réellement à quelque chose.

Ils pourraient apporter à notre armée un afflux toujours nouveau de sang jeune et d'esprits hardis. Ils seraient les bons ouvriers des luttes futures et pourraient mettre en valeur les qualités merveilleuses, dont notre race est pourvue, — qualités que nos routines éteignent une à une, et qui s'atrophieraient bien vite, si nous n'y prenions garde, au grand détriment de l'armée, au grand péril de la France.

III

L'ENCADREMENT DES FORMATIONS
DE GUERRE

L'encadrement des formations de guerre est une question de la plus haute importance, et il y a lieu de se demander si l'organisation actuelle de l'armée française permet d'assurer cet encadrement dans de bonnes conditions.

A ce point de vue, il convient d'examiner séparément le nombre et la valeur des cadres nécessaires aux unités de l'armée qui existent dès le temps de paix et à celles qui seront formées de toutes pièces à la mobilisation.

Tout d'abord, il est hors de doute qu'on ne saurait accorder trop de soins à la constitution des forces qui, dès les premières heures de l'état de guerre, auront à se mesurer contre les armées ennemies et qui représentent la véritable puissance militaire du pays. Seules, les unités qui existent dès le temps de paix peuvent entrer en ligne de compte au début, et il serait regrettable de laisser croire que les unités de réserve sont susceptibles d'aller au feu immédiatement après leur formation.

J'ai pourtant lu, je ne sais où, l'exposé d'une théorie qui me laisse quelque peu sceptique : « Demandez, disait-on, autant que je me le rappelle, demandez à un colonel s'il préfère commander en campagne un régiment de soldats de métier sous les ordres d'officiers de réserve, ou un régiment de réservistes encadré par des officiers de l'armée active, le colonel interrogé optera sans conteste pour le dernier. »

Or, le premier colonel à qui j'ai posé la question m'a répondu textuellement : « Mais j'aimerais mieux aller planter des choux ! Ces deux organisations sont aussi mauvaises l'une que l'autre ! Un régiment actif, commandé par des officiers actifs, est une unité de guerre ; un régiment de réserve pourra le devenir au bout d'un certain temps, et il serait en tout cas fort imprudent de l'engager au début des opérations ; mais concevoir une armée de réservistes commandée par des officiers de métier qui n'auraient rien à faire en temps de paix ! c'est là une conception spéciale aux Républiques nègres de l'Afrique ou de l'Amérique ! Et j'espère bien que nous n'en sommes pas là ! »

J'arrête ma citation et reprends mon avis personnel, qui est d'ailleurs celui de beaucoup de

mes collègues du Parlement, et non des moins
républicains.

Je suis convaincu qu'un officier, si bien trempé
qu'il soit, ne peut rester longtemps en dehors de
la troupe, sans perdre de sa valeur militaire ; et
en disant : *en dehors de la troupe*, je vise aussi
bien les emplois de toute sorte qu'on imagine à
plaisir dans les régiments pour occuper les officiers des cadres complémentaires, que ceux, parfois nécessaires, quelquefois utiles, mais aussi
par trop souvent superflus, qui existent dans les
états-majors, les directions, les administrations
et les services généraux de l'armée.

J'estime qu'on se retrempe dans la troupe, non
pas simplement parce qu'on y compte, mais bien
quand on la commande ; ce n'est pas en grattant
du papier, pas plus qu'en se tournant les pouces,
qu'on devient un chef digne de ce nom.

Je pense enfin que la République n'a pas à
s'offrir le luxe de dépenses inutiles, et c'est faire
œuvre de bon républicain que de limiter les
dépenses nécessaires.

Et puis, après tout, là n'est pas seulement la
question ! L'organisation, les institutions répon-
dent-elles, *oui ou non*, au but pour lequel elles
ont été créées ? Si oui, j'admets qu'on cherche à
les maintenir. Si non...

Nous allons voir !

Ainsi que je le disais tout à l'heure, il est tout naturel de chercher d'abord à réaliser le maximum possible de garanties, au point de vue de l'encadrement des forces de première ligne, comme valeur et comme nombre.

En réalité, malgré un excédent réel de cadres sur les effectifs légaux, nous avons encore dans beaucoup de compagnies des incomplets d'officiers. C'est encore bien pis à la mobilisation, car, ainsi que nous le verrons tout à l'heure, nous arriverons à prélever, sur les compagnies actives, nombre de lieutenants pour assurer l'encadrement des compagnies de réserve ! On réalise ainsi ce paradoxe de faire deux unités mauvaises avec une bonne !

Il est de toute évidence cependant que les troupes de première ligne ne peuvent, sans diminuer de valeur, avoir à la mobilisation un encadrement inférieur à celui qui est reconnu indispensable pour assurer leur instruction et leur dressage en temps de paix. Dire qu'il ne serait pas désirable, si faire se pouvait, d'augmenter au contraire cet encadrement, d'accord ! mais à la condition que cette augmentation porte exclusivement sur les premières unités : compagnies, escadrons et batteries. La raison en est, à la fois, dans le travail intensif nécessité par la réduction de la durée du service, et dans les pertes formidables d'officiers, révélées par l'étude des guerres les plus récentes, depuis 1870 jusqu'à la campagne de Mandchourie.

Mais, à cela, j'ai la conviction qu'on pourrait arriver, et sans augmenter les charges budgétaires, simplement en assurant (à l'inverse de ce qui existe), *par des dispositions légales*, la fixité absolue des cadres de commandement réel des corps de troupe, cadres qui doivent toujours être au complet, et en mettant tout à fait à part, par des dispositions, *légales aussi*, d'un côté les officiers détachés qui occupent en temps de paix un emploi en dehors des corps — et alors, comme nous serions effrayés du chiffre formidable de ces emplois, nous nous déciderions, peut-être, à réagir énergiquement — d'autre part, les cadres qui seront employés, à la mobilisation seulement, pour l'encadrement des unités de nouvelle formation.

C'est pour ce dernier objet qu'ont été créés, de 1887 à 1893, les cadres complémentaires de l'infanterie, cadres auxquels doivent s'ajouter ceux des officiers de réserve.

Cette organisation qui introduisait, pour la première fois dans l'armée, des cadres en majeure partie sans emploi, devait forcément soulever de vives critiques, et comme elle est aussi fort onéreuse, il n'est pas étonnant que les Chambres aient cherché à diverses reprises les moyens d'y remédier. Malheureusement, la question n'a jamais

été envisagée que sous la forme d'économies budgétaires (retraites anticipées et congés sans solde);
mais sans améliorer autrement l'institution des
cadres complémentaires.

Eh bien! malgré le luxe de ces cadres, qui
constituent un élément de paresse dans l'armée,
l'encadrement de nos formations de seconde ligne
n'est nullement assuré. Si les chefs de section ne
nous manquent pas, si la loi du 21 mars 1905
nous promet nombre d'officiers de réserve, où
sont dans tout cela les commandants de compagnie, d'escadron et de batterie ? Où sont les capitaines ? N'est-ce pas là le point capital à envisager pour les unités de réserve, dont toute la
valeur future sera faite de celle de leurs chefs ?

On aura beau épiloguer, les capitaines nous
font défaut, *pour plus de moitié*, dans le commandement des unités de réserve. *Nous en avons
1 800, il nous en faut 4 000.* Pour remédier à la
situation, on nous propose de diminuer d'autant
la valeur de l'encadrement des troupes actives,
ou d'augmenter encore les cadres sans emploi !

Cela, — non !

** **

Après avoir examiné la question sous toutes
ses faces, après avoir étudié toutes les solutions
proposées pour améliorer l'état actuel, il faut bien

reconnaître que l'ouverture des retraites proportionnelles permet, seule, d'assurer complètement
l'encadrement sérieux des unités mobilisées.

Cette solution n'est pas nouvelle ; elle a été
présentée à plusieurs reprises ; mais, chaque fois,
elle a été écartée, sans plus profond examen,
parce que l'on n'a vu, de son application, que
l'augmentation considérable des charges budgétaires qu'elle entraînait.

Si donc on compense cette augmentation de
dépenses par une économie correspondante, les
objections présentées à l'ouverture des retraites
proportionnelles tombent d'elles-mêmes. Eh bien,
nous les avons sous la main, les économies! Ne
peut-on pas remplacer, petit à petit, dans toutes
les armes, les officiers qui sont en excédent des
besoins réels, les officiers qui ne font rien ou pas
grand'chose, par un nombre au moins double
d'officiers admis à une retraite proportionnelle ?

Autant il est difficile de réaliser séparément
les deux réformes : *suppression des cadres sans
emploi*, et *retraites proportionnelles*, autant il est
facile, en les liant absolument l'une à l'autre, de
ménager à la fois les intérêts des officiers et les
deniers de l'Etat.

Certes, il ne faut pas songer à procéder d'un
seul coup à cette opération ; il y a de gros avantages, au contraire, à échelonner sur une quin-
zaine d'années une réforme de cette importance ;

il serait d'ailleurs matériellement impossible d'avoir en moins de temps le nombre voulu de demandes de retraite.

Il nous faut, en effet, 4 000 capitaines pour encadrer nos formations de réserve (je laisse à part l'armée territoriale). En admettant une durée d'affectation de 15 années dans la réserve pour les officiers admis à la retraite proportionnelle, il nous faudrait environ 280 demandes de retraite chaque année.

Ces chiffres correspondent à une diminution de 1 700 officiers dans les cadres de l'armée active. Or, pour l'infanterie seule, nous avons 74 lieutenants-colonels, 205 chefs de bataillon, 1 117 capitaines et 550 lieutenants, au total 1 946 officiers comptant dans les cadres complémentaires !

Loin de moi la pensée de faire supporter à l'infanterie seule les charges d'une réforme dont toute l'armée bénéficierait. Nous avons besoin, d'ailleurs, d'une partie de ces cadres pour l'organisation ternaire et pour les dépôts territoriaux, dont j'ai déjà parlé ailleurs[1] ; et puis, les autres armes ont aussi leurs emplois inutiles ! Il y aura donc une proportion à établir, pour les différentes armes, entre les chiffres annuels d'officiers admis à la retraite proportionnelle et d'extinction d'emploi d'activité, par exemple, de 110

[1] *Sommes-nous défendus*, un volume par Ch. Humbert (chez Juven).

à 115 extinctions pour 280 retraites, dont les trois cinquièmes à l'infanterie. Je ne veux ici que poser le principe.

L'ouverture des retraites proportionnelles serait fixée à 15 ans de services, par analogie avec ce qui existe pour les sous-officiers. L'officier qui se retirera à ce moment aura le grade de capitaine, ou tout au moins l'expérience et l'aptitude nécessaires au commandement d'une compagnie. Il suffira d'entretenir cette expérience et cette aptitude par certaines dispositions de détail pour que notre armée de seconde ligne soit réellement commandée par 4 000 capitaines qui, au point de vue de la valeur professionnelle, ne le céderont en rien aux officiers des cadres complémentaires actuels, tout en en triplant le nombre.

IV

LES RETRAITES PROPORTIONNELLES

J'ai dit plus haut quel intérêt il y avait, sans
aucun danger pour la valeur de l'armée (bien au
contraire), à ouvrir la porte aux officiers désireux
de prendre leur retraite proportionnelle à partir
de quinze années de services. Nous trouverons
de plus à cette mesure un remède à la crise de
l'avancementet une amélioration de l'encadrement
des formations de guerre.

Je disais à ce propos qu'on peut, sans inconvénient, supprimer sur l'ensemble des armes
combattantes 1 700 emplois d'officier (dont les
3/5 de l'infanterie), à raison de 110 à 115 par an
pendant quinze années consécutives et fixer en
même temps à 280 le chiffre annuel des retraites
proportionnelles à liquider.

Je tiens à ajouter tout d'abord que, sur ces
chiffres, je mets complètement de côté la diminution du cadre des officiers généraux dont les
économies seraient employées utilement, à mon
avis, à la réalisation des soldes progressives d'an-

ciénneté. Les 1 700 emplois à faire disparaître pourraient comprendre : 20 colonels, 80 lieutenants-colonels, 150 commandants, 1 200 capitaines, 250 lieutenants, à raison de 1/15 chaque année.

Les officiers admis à la retraite après quinze ans de services pourraient provenir soit des capitaines du cadre actif, soit des lieutenants ayant au moins dix ans de grade d'officier, mais tous auraient le grade de capitaine de réserve, et la pension serait établie sur une base unique pour tous également, sauf majoration, bien entendu, pour chaque année de service en sus de quinze et pour chaque campagne.

Prenons provisoirement pour base le chiffre de 1 200 francs, supérieur aux 15/30 de la pension minima actuelle du grade de capitaine, mais qui, à mon avis, pourrait être encore relevé.

Avant d'aller plus loin, en effet, je tiens à établir les conséquences budgétaires de la réforme proposée. On a paru mettre en doute la possibilité de réaliser cette réforme sans dépenses nouvelles. Il me semble donc tout à fait nécessaire de poser quelques éléments précis de discussion sans lesquels on pourrait parler longtemps sans s'entendre, de comparer les économies aux dépenses, et de prouver ainsi l'exactitude de ce que j'ai dit à propos de la crise de l'avancement.

1° *Economies.* — Les économies sont de deux

sortes ; les unes proviennent de la diminution de l'effectif de paix des cadres d'officier, ce sont les économies de solde ; les autres seront réalisées par la diminution dans le nombre annuel de retraites à trente ans de services et au delà, ce sont les économies de retraites.

La dépense moyenne annuelle qui incombe au budget pour l'entretien d'un officier est indiquée par les chiffres ci-après qui comprennent, non seulement la solde proprement dite, mais encore les indemnités de toute nature, jusques et y compris l'entretien du ou des chevaux qui sont alloués pour chaque grade : colonel, 11.500 francs ; lieutenant-colonel, 8 500 ; commandant, 6 750 ; capitaine, 6 150 ; lieutenant, 2 900.

Le taux moyen des retraites, tel qu'il résulte des crédits affectés pendant les dix dernières années à l'inscription des pensions militaires, est d'environ 5 600 francs pour un colonel, 4 300 pour un lieutenant-colonel, 3 500 pour un chef de bataillon, 2 600 pour un capitaine.

La suppression de 1 700 emplois d'officier correspond approximativement à une diminution, dans le nombre annuel des retraites au delà de trente ans de services, de 2 colonels, 5 lieutenants-colonels, 10 chefs de bataillon et 22 capitaines.

Enfin, pour ces différents grades, la table de mortalité établie par le service des pensions indique, comme durée de survie : quinze, seize, dix-sept et dix-neuf ans respectivement.

Ces données permettent d'établir le tableau ci-après qui donne le total des économies réalisées par la réforme proposée, en admettant les chiffres de répartition que j'indique plus haut pour les différents grades. En réalité, le ministre, seul à même d'établir cette répartition, modifiera ces chiffres dans une certaine mesure ; mais le résultat n'en sera guère changé et je suis bien obligé de prendre des chiffres fermes pour établir une comparaison budgétaire

SOLDES

Colonels	11.500×20	=	230.000
Lieut.-colonels	8.500×80	=	680.000
Commandants	6.750×150	=	1.012.500
Capitaines	6.150×1.200	=	7.380.000
Lieutenants	2.900×250	=	725.000

RETRAITES

Colonels	$5.600 \times 2 \times 15$	=	168.000
Lieut.-colonels	$4.300 \times 5 \times 16$	=	344.000
Commandants	$3.500 \times 10 \times 17$	=	265.000
Capitaines	$2.600 \times 22 \times 19$	=	1.086.900
		Total	12.221.300

2° *Dépenses*. — Les dépenses consistent uniquement dans l'inscription, au budget des pensions, d'une retraite de 1 200 francs allouée pour quinze ans de services à 280 officiers chaque année ; et comme la moyenne de la survie, à l'âge de trente-cinq ans, est de trente-quatre ans, il s'ensuit que les retraites proportionnelles coûteront annuellement au budget une somme de :

$$1\,200 \times 280 \times 34 = 11\,424\,000 \text{ francs.}$$

3° Comparaison. — Ainsi, sur les bases proposées, l'ouverture des retraites proportionnelles, au lieu de créer des charges budgétaires nouvelles, réaliserait une économie annuelle de près de 800 000 francs !

Il est certain que l'on n'arrivera pas du premier jour à ce chiffre de 800 000 francs, puisque les calculs sont établis en supposant le système en plein fonctionnement, c'est-à-dire quinze ans après son adoption ; mais, dès la première année, on entre dans la voie des économies ; et les chiffres sont probants, on peut les vérifier. Insister davantage est inutile : les hommes de bonne foi sont convaincus.

Les officiers retraités à quinze ans de services seraient affectés pendant quinze ans à une formation active ou de réserve, et ultérieurement pendant cinq ans à une formation territoriale. Pour chacune des trois premières périodes de cinq ans, ils seraient astreints à un stage d'un mois dans leur corps d'affectation, de manière à se tenir au courant des modifications incessamment apportées aux procédés de combat et à l'armement.

En dehors de ces trois stages obligatoires, les
officiers retraités pourraient être autorisés à en
accomplir trois autres à titre facultatif. Et, pour
les encourager à s'entretenir eux-mêmes dans
l'étude des questions militaires et dans la pratique
du commandement, on pourrait admettre que 100
ou 150 croix de la Légion d'honneur seraient attribuées chaque année aux plus méritants de cette
catégorie, à ceux qui auraient prouvé, au cours
de leur troisième convocation obligatoire, qu'ils
n'ont rien perdu des qualités d'un parfait commandant de compagnie.

A raison de 280 officiers par an, la réserve de
l'armée active disposerait, au bout de quinze ans,
de 4 200 commandants de compagnie, d'escadron
ou de batterie ; mettons 4 000 pour tenir compte
des décès ou des maladies. Cinq ans plus tard,
l'armée territoriale bénéficierait à son tour de
1 400, mettons 1 000 capitaines de cette catégorie.

Deux objections peuvent être faites, néanmoins,
au système exposé : la *durée*, quinze années nécessaires à son établissement ; la *possibilité* d'avoir
chaque année 280 demandes de retraites proportionnelles.

Sur le premier point, on peut dire que le temps
mis à la réalisation du projet est plutôt un avantage qu'un inconvénient, parce qu'on évite ainsi
les *à-coups*, toujours détestables, dans les conditions de l'avancement, et parce que nous avons à

prévoir une refonte de l'organisation de l'armée qui peut, sur certains chiffres, modifier les détails d'application.

En ce qui concerne le second point, j'avoue qu'on peut toujours commettre des erreurs d'appréciation, et on ne sera fixé exactement qu'après quelques années d'expériences ; mais encore faut-il la faire, cette expérience, pour être fixé ! Je crois cependant que le départ, à quinze ans de services, d'éléments encore assez jeunes pour trouver, dans les carrières civiles, dans le commerce ou dans l'industrie, un débouché à leur activité, sera considérable, et que les avantages offerts semblent de nature à obtenir le résultat cherché.

En résumé, l'ouverture des retraites proportionnelles, liées à la suppression des cadres sans emploi, présente les avantages suivants :

Arrêt momentané des conditions défavorables de l'avancement, puis amélioration progressive de la situation actuelle.

Augmentation considérable des cadres nécessaires aux unités de réserve, aux formations territoriales et aux dépôts.

Economie budgétaire réelle qui finira par atteindre 800 000 francs par an.

Que faut-il de plus ?

V

LES SACRIFIÉS DE L'EST

Avons-nous une armée pour défendre notre frontière, ou bien pour procurer des situations agréables, des résidences de choix et un avancement exceptionnel aux officiers qui servent le plus près possible de la capitale et des bureaux ministériels, à portée des recommandations militaires et politiques ?

Avons-nous dépensé plus de vingt-cinq milliards depuis trente ans pour être toujours en état de repousser une agression, ou bien pour assurer une carrière facile et des promotions plus promptes aux chefs subalternes ou supérieurs qui n'auront pas été envoyés aux troupes de première ligne ou qui n'auront pas accepté de s'y rendre ?

Il peut paraître singulier d'avoir à se poser une telle question, et le bon sens national sera tenté de la trouver déplacée. Il est cependant nécessaire de la soumettre clairement au jugement de l'opinion publique, car nous assistons, chaque année, à de continuels passe-droit qui sont, en réalité, d'insupportables injustices et auxquelles il convient de mettre un terme, dès aujourd'hui.

Je veux parler de la manière véritablement scandaleuse dont les officiers qui servent sur notre front de guerre sont sacrifiés en ce qui concerne l'avancement, et de la part odieusement infime qui leur est faite dans la confection des listes de choix.

Pour simplifier ma démonstration, je ne parlerai que d'un des corps qui couvrent notre frontière de l'Est; mais c'est le plus important, et il va sans dire que mes observations pourraient aussi bien s'appliquer aux deux autres.

Pour l'infanterie, on a inscrit, l'an dernier, au tableau d'avancement 142 capitaines, dont *quatre* seulement du 6ᵉ corps, et 164 lieutenants, dont *quatre* du 6ᵉ corps.

Il y a vingt corps d'armée, et le 6ᵉ, avec ses trois divisions, ses bataillons de chasseurs, etc., en vaut bien deux à lui tout seul; il est cependant fort loin, comme on voit, d'obtenir le vingtième des élus, c'est-à-dire *sept* capitaines et *huit* lieutenants.

Pour la cavalerie, c'est encore pis !

Le 6ᵉ corps compte *treize* régiments de cette arme, ce qui équivaut à peu près au sixième de toute la cavalerie française. Eh bien, sur 41 capitaines maintenus, le 6ᵉ corps en a eu deux; sur 55 lieutenants maintenus, il en a eu cinq !

Pendant ce temps-là, les *onze* régiments de cavalerie qui sont à Paris ou aux environs (périmètre : Chartres, Senlis, Meaux, Fontainebleau) ont eu treize capitaines maintenus, — soit sept fois plus qu'au 6ᵉ corps, — et onze lieutenants maintenus, soit plus du double, pour deux régiments de moins !

Dans l'artillerie, la situation est la même.

Sur 57 capitaines maintenus, le 6ᵉ corps en a eu *un*.

Sur 54 lieutenants maintenus, il en a eu *trois*.

Simultanément, les troupes de Vincennes, Rueil et Versailles, comparables comme effectif à l'artillerie du 6ᵉ corps, ont eu *cinq* capitaines et *neuf* lieutenants inscrits.

Qu'est-ce que cela veut dire ?

A-t-on par hasard envoyé dans l'Est, pour avoir l'honneur de représenter le pays sur le terrain même des premiers combats, tout ce que nous possédons de moins intelligent, de moins instruit, de moins zélé, en fait d'officiers subalternes ?

Est-ce que nos troupes de couverture, est-ce que nos « divisions de fer » sont véritablement des centres de pénitence et de punition, pour ce qu'il y a de plus médiocre parmi les serviteurs armés du pays ?

S'il n'en est pas ainsi, et si, comme on doit le penser, les hommes sur qui pèse la responsabilité la plus directe de la défense du territoire ont été choisis, au contraire, parmi les meilleurs ; s'ils travaillent sans cesse et si, pour eux, les manœuvres de toutes sortes, les alertes, les épreuves d'endurance et d'aptitude sont plus multipliées encore que pour leurs camarades des corps d'armée de l'intérieur ; s'ils ont à dresser et à diriger des effectifs renforcés, beaucoup plus nombreux pour chaque unité que dans tout le reste du pays ; si, en outre, il leur faut supporter la rudesse d'un climat parfois très rigoureux ; s'il leur est difficile enfin de se loger confortablement et de vivre sans trop de dépense, ne méritent-ils pas, en échange, d'être traités au moins aussi équitablement que les autres ?

D'où vient donc qu'on les traite beaucoup plus mal ?

Ils voient le service à Paris comporter un supplément de solde, une vie agréable et facile, un avancement assuré. Eux, qui sont de garde à la frontière et qui, pour avoir l'honneur de se trouver au premier rang, sacrifient bien volontiers leurs aises, on leur mesure parcimonieusement, injustement, les galons et les croix !...

Quelle aberration singulière ! Et comme on voit bien, à ce trait, que le ministère de la Guerre, avec son organisation actuelle, n'est pas une administration obéissant à l'impulsion équitable et généreuse d'un seul chef, responsable devant les élus de la nation, mais un consortium de bureaux, où le caprice règne et où l'intrigue l'emporte !

Servir à Paris, fréquenter les commissions, les directions, les comités, les sections, les inspections, les états-majors, c'est l'avancement assuré ! Servir, au contraire, dans la troupe, aux bornes du pays, face aux rivaux qui seront peut-être demain des ennemis, c'est être condamné d'avance à l'oubli ; c'est n'avancer jamais !

Je parlais tout à l'heure des officiers subalternes dans les trois armes et de la part dérisoire qui leur est faite sur les listes de promotion. J'ai dû me borner à eux, tout d'abord, pour établir les faits ; mais que l'on n'aille pas croire que les officiers supérieurs sont mieux traités à la frontière ! Je pourrais montrer que, l'an dernier, sur 44 chefs d'escadron d'artillerie maintenus, le 6e corps n'en a eu *qu'un*. Encore avait-il douze ans de grade !

Et si, au lieu de monter dans la hiérarchie militaire, je voulais descendre aux grades les plus modestes, je trouverais que les sous-officiers sont moins bien traités encore, dans l'Est, que partout ailleurs.

Je trouverais, dans les forts, des adjudants mariés qui sont logés, *par deux ou trois couples*, dans la même chambre de casemate, chaque ménage n'étant séparé du voisin, dans ces pièces mal aérées et sans jour, que par des cloisons en papier.

J'en trouverais d'autres, sergents ou maréchaux des logis rengagés, que l'on a parqués, en tas, dans des baraques en carton bitumé !

Au défaut de justice distributive, qui laisse indéfiniment se morfondre à leur rang des officiers ayant fait leurs preuves d'activité, de savoir et de dévouement, répond ainsi un honteux défaut de sollicitude pour ces auxiliaires admirables qui encadrent de tout près les hommes de troupe, qui sont à la fois leurs camarades et leurs chefs les plus directs et qui, dans le grand atelier militaire, seraient, la guerre venue, de véritables contremaîtres de bataille.

On n'agirait pas autrement, en vérité, si l'on s'était proposé de justifier la légende absurde qui a fait considérer, à certains jours, comme une punition pour un soldat d'être envoyé dans l'Est !

Nous avons déjà vu un effet de cette conception antipatriotique et néfaste, lorsqu'un grand chef, un général de division, obligé d'abandonner, au ministère même, un poste agréable et envié, refusa de quitter Paris, et demanda, comme une faveur due à ses précédents services, qu'on lui épargnât « la tuile » de se voir nommer « gouverneur de Toul »...

Les officiers qui, mieux instruits de leur devoir, et plus résolus à le remplir, font de leur mieux, au milieu de leurs troupes, afin d'empêcher que la France puisse être surprise et vaincue dès les premiers combats, méritent, en vérité, qu'on leur rende désormais plus de justice.

Ce ne sont pas des faveurs qu'ils réclament, en récompense des efforts qu'ils font, des fatigues qu'ils endurent et de la responsabilité qu'ils portent ; c'est au moins l'égalité de traitement avec leurs frères d'armes des autres régions du pays.

Ils se conduisent comme de braves gens, dont l'âme, toujours aux prises avec le noble problème de la défense nationale, s'élève sans cesse et se détache des contingences vulgaires. Ils aiment leurs soldats et savent s'en faire aimer. Comme eux, ils ne pensent plus qu'au pays. Est-ce que le pays, à son tour, ne pensera pas un peu à ces dévoués serviteurs, ne fût-ce que pour exiger qu'on leur accorde ce qui leur est dû ?

Il faut donner à nos officiers de l'Est la part d'avancement qui leur revient, comme à leurs sous-officiers le traitement convenable qu'ils méritent. Il le faut, d'abord, parce que cela est strictement juste : il le faut aussi parce que l'intérêt de la France et de l'armée est que l'on choisisse parmi les meilleurs candidats les chefs de l'avenir.

C'est dans les bois des hauts de Meuse et non dans les couloirs du ministère que se trempent le mieux les âmes des futurs combattants. Nos petits soldats le savent bien, eux qui sont si clairvoyants, si passionnés, si admirables...

11.

Que le ministre les écoute. Qu'il les observe de loin, en jetant ses regards par-dessus la triple enceinte des bureaux qui essaient d'emprisonner sa volonté : il rendra justice, enfin, aux sacrifiés de l'Est[1] !

[1] Il est équitable de reconnaître que M. le général Picquart, dans une des dernières séances de la session d'automne, à la Chambre, s'est engagé à porter remède, dans l'avenir, à la situation que je viens de signaler.

VI

LA JOURNÉE D'UN CAPITAINE

Il y a en France un petit groupe de cinq ou six mille hommes de qui dépend toute la force militaire de la nation. Ces hommes ne sont pas au ministère de la Guerre, ni au Parlement, ni à la tête des états-majors : ils sont disséminés sur tout le territoire, dans toutes les garnisons, dans toutes les casernes. Ils s'appellent *colonels* ou *capitaines*, et chacun d'eux commande un régiment ou bien une compagnie, un escadron ou une batterie, au moins sur le papier.

Ce sont eux, en réalité, qui devraient instruire, préparer, entraîner et discipliner tous nos soldats. On pourra passer en revue des divisions, faire manœuvrer des corps d'armée, réunir même pour de grandes parades officielles cent ou cent cinquante mille hommes sur le même point et se féliciter, après beaucoup de marches et de contre-marches, de « l'entrain » déployé dans l'attaque fictive d'une position ou de la « ténacité » habile manifestée par la défense ; on pourra même faire des ordres du jour de félicitations à l'adresse des grands chefs qui auront tant bien que mal remué ces masses de troupes et donné la représentation approximative d'une bataille plus ou moins vraisemblable, avant le déjeuner traditionnel servi sous la tente, pour la clôture des opérations : rien de tout cela ne vaudra jamais, pour la formation réelle de nos troupiers, le travail quotidien poursuivi sous les yeux de leurs chefs directs.

Il n'y a pas d'armée solide sans compagnies bien dressées, sans régiments bien homogènes, et quelle que soit la valeur du commandant suprême qui conduira un jour les opérations, il risquera les pires déceptions — et nous avec lui — si nous n'avons pas su donner tout le temps voulu à nos capitaines pour instruire leurs hommes, à nos colonels pour surveiller, coordonner et compléter le travail de leurs capitaines.

Eh bien, il faut le dire et le redire sans cesse jusqu'à ce que cela change : ni les uns ni les autres ne peuvent maintenant s'occuper sérieusement de ce qui est leur principale affaire, de ce qui est leur tâche la plus noble et la plus nécessaire.

Depuis qu'on a fait d'eux des administrateurs, des courtiers en literie, des maîtres-tailleurs et des magasiniers en tous genres ; depuis qu'on leur demande de noircir, chaque jour, autant de papier que le plus actif des reporters et d'aligner autant de chiffres que le plus habile des comptables, ils n'ont plus le temps de faire leur métier d'officiers.

La compagnie peut s'instruire comme elle veut, sous la conduite de gradés surchargés eux-mêmes de besogne, ou de lieutenants à peine sortis de l'Ecole : celui qui la conduira au feu et qui devrait apprendre à la tenir dans sa main, en assistant chaque jour à ses exercices, en s'appliquant à bien connaître tous les éléments qui la composent (et à se faire connaître d'eux aussi) ; celui qui sera responsable de ses fautes, si elle en commet sur le terrain, et qui a, par conséquent, plus d'intérêt que personne à ce qu'elle manœuvre le mieux possible, celui-là sera retenu au fond d'un bureau, d'un magasin ou d'un atelier, occupé à des inventaires ou absorbé dans des calculs de commerçant, tandis que se donneront au plein air les leçons qu'il devrait diriger.

Voulez-vous en avoir la preuve ? Considérez un peu de quoi se compose la journée d'un capitaine en l'an de grâce 1908.

Quand il arrive au quartier le matin, il doit, avant le rapport, examiner, vérifier et signer toute une collection de paperasses ; parcourir le livre des punitions, s'appliquer à en bien peser les motifs ; dresser la liste, qui sera remise au chef de bataillon et au colonel, des malades inscrits pour la visite ; établir les rapports (et Dieu

sait s'il y en a) qui lui ont été demandés et dont
il a pu réunir les éléments.

Il lui faut préparer le programme des exercices
du lendemain (où il sait d'avance qu'il ne pourra
pas assister).

Après quoi : visite du casernement ; un petit
tour au magasin, — déclassement d'effets détério-
rés, — les besoins d'effets neufs à prévoir, —
l'examen de l'état du fonds particulier, — l'étude
approfondie des moyens de balancer recettes et
dépenses...

Ensuite, il est indispensable d'aller voir les
malades à l'infirmerie.

Un coup d'œil en passant, si l'on est en hiver,
sur les exercices qui peuvent se donner dans la
cour, car dans la belle saison ils ont lieu au dehors,
et le capitaine doit s'en priver : il a autre chose
à faire !

Il y a la cuisine, où il faut goûter la soupe, s'assurer tout au moins de la préparation du repas,
du nettoyage du matériel, etc., etc.

Le sergent-major pourrait l'aider et même le
suppléer pour un certain nombre de ces actes ;
mais, à partir de neuf heures environ, il devient
tout à fait impossible de travailler avec ce sous-
officier, qui prépare les pièces pour le rapport du
colonel, où il est souvent (et inutilement) retenu
très longtemps.

Après le rapport, le capitaine et lui ont fort à

faire pour préparer l'exécution des ordres reçus,
jusqu'au moment où s'imposent la surveillance et le
contrôle des distributions de pain, viande, légumes,
fourrages, etc.

Encore le sergent-major ne peut-il guère aider
le capitaine, absorbé qu'il est par le prêt, et par
les questions à régler avec différents services :
habillement, casernement, major, etc., à la suite
des premières inspections de la matinée.

Cependant, le malheureux commandant de la
compagnie n'est pas libre encore d'aller voir à
quoi ses soldats s'occupent : il devra presque tous
les jours présenter au chef de bataillon ou au colonel des hommes proposés pour différents emplois,
ou pour être dispensés d'exercices comme tailleurs (s'il y a des reprises à faire aux fonds de
culottes), comme peintres en bâtiments (pour un
« raccord » pressé), comme menuisiers, charpentiers, jardiniers, cuisiniers, matelassiers ou
fumistes... (si les cheminées ne vont plus)...

Après ces différentes occupations « bien militaires », le capitaine a le droit de se reposer, car
il est dix heures sonnées, et la compagnie va se
mettre à table pour manger !...

En somme, toute la matinée a été perdue pour
ce qu'on appelle ambitieusement « la préparation
à la guerre » : elle a été employée à la préparation de la popote, des écritures, des travaux de
réparation et de raccommodage, à de la tenue de

livres, à des vérifications de denrées, à des discussions de chiffres et à de la littérature administrative. Pour le surplus, il y aura eu quelques quarts d'heures perdus, de-ci, de-là, en d'inutiles pauses devant le bureau du colonel, du major, ou devant la salle des rapports.

Impossible d'entreprendre pendant ce temps aucun travail sérieux et suivi. Impossible même de réunir les gradés pour une théorie ou une conférence, à laquelle, d'ailleurs, la moitié d'entre eux ne pourraient se rendre, attendu qu'ils sont retenus par différents services : rapport, garde, plantons, distribution, etc.

Et nous voici arrivés à l'après-midi !

L'après-midi, le capitaine pourrait enfin s'occuper un peu des hommes et assister à leurs exercices, s'il n'en était empêché le plus souvent par deux obligations impérieuses :

1º Monter son cheval, ce dont il ne peut se dispenser, — sous peine de ne plus être entraîné lui-même au service de campagne, — et ce qu'il ne peut faire auprès de sa compagnie, qui manœuvre le plus souvent hors de tout chemin et sur des terrains aussi accidentés que possible.

2º En descendant de cheval, il doit se renfermer dans son bureau avec le sergent-major pour faire encore un peu de comptabilité : vérification des pièces comptables, de l'ordinaire ; les bons pour le lendemain (nourriture, habillement, literie, casernement, armement, etc.). Puis, ce sera la soupe du soir !

Je passe les théories aux gradés, l'établissement des progressions et les œuvres parallèles : salles dites de récréation (où le capitaine, chef de la coopérative, doit surveiller les consommations et viser le registre des recettes et des dépenses), leçons d'éducation civique et sociale et conférences de toute nature.

Voulez-vous me dire où le malheureux officier aura trouvé, au milieu de ces occupations diverses, qui conviendraient à un fonctionnaire civil, le temps de s'occuper utilement de son rôle d'éducateur de soldats ? Il a eu dans ces derniers temps à s'assimiler quatre règlements nouveaux : sur la *comptabilité*, l'*habillement*, le *chauffage*, le *casernement et les lits militaires* : il n'a pu s'occuper ni de l'instruction de ses cadres et de sa troupe ni de la sienne propre.

Ce sera pour après dîner, le soir, chez lui, s'il en a le loisir et s'il découvre le moyen de faire manœuvrer de loin ses soldats quand ils sont couchés !

Franchement, ne vaudrait-il pas mieux le débarrasser (et délivrer en même temps le colonel, qui n'est plus que le contrôleur administratif des capitaines), de toute cette besogne encombrante dont on les a surchargés ?

Ne devrait-on pas en venir à ce que le général

Lewal réclamait il y a trente-cinq ans : à l'éta-blissement de *dépôts territoriaux*, s'adaptant à l'organisation actuelle des bureaux de recrute-ment et fournissant aux corps, en temps de paix comme à la mobilisation, tout le matériel néces-saire ?

Plus de magasin, dès lors, au régiment ! Plus d'ateliers, si ce n'est celui des menues répara-tions ! Plus de section ou de peloton hors rang ! Plus de cet émiettement d'une force, qui devrait être exclusivement militaire, en une infinité de spé-cialités diverses faisant concurrence aux corps de métiers de la ville !

Des soldats et des officiers, remplissant tout le rôle pour lequel ils sont faits : c'est-à-dire enfin une véritable armée !

Actuellement, nous avons des exercices mili-taires sans soldats, parce qu'ils sont *défilés* dans une vingtaine d'emplois superflus et sans capi-taines, parce que ces derniers sont absorbés dans un travail de bureau.

Eh bien, je voudrais que l'on renvoie les trou-piers et leurs chefs à la manœuvre et que l'on n'appelle aux ateliers que des ouvriers, quand il y a du travail à faire.

Tout le monde y gagnerait et la journée d'un capitaine cesserait enfin d'être la journée d'un rond-de-cuir.

VII

LA FAUSSE ARMÉE

Nous n'avons plus une armée véritable, disais-je tout à l'heure. C'est, hélas ! malheureusement trop vrai, et l'on pourrait généraliser les observations qui précèdent.

« Aux compétences multiples qu'on exige d'un officier, connaissez-vous beaucoup de généraux en chef qui soient dignes d'être sous-lieutenants? » C'est en ces termes, empruntés à Beaumarchais et légèrement corrigés pour la circonstance, qu'un capitaine de mes amis exprime l'étonnement et le découragement qu'il éprouve.

C'est cependant un excellent républicain ; c'est un homme de cœur, d'initiative et de dévouement, qui s'est engagé pour servir dans le rang, qui a passé ensuite par Saint-Maixent et qui a maintenant les deux épaulettes d'or. Patriote dans l'âme, infatigable et né pour manier des hommes dont il sait se faire aimer parce qu'il les aime, il représente à la perfection, dans son régiment, cette génération nouvelle de commandants de

compagnie qui ont su se plier aux idées modernes, évoluer avec leur temps et préparer leurs
troupiers aux nécessités changeantes de l'armement et de la tactique.

Mais il se révolte à part lui et, quand l'occasion
s'en présente, il proteste devant ses amis et ses
égaux contre une manie contemporaine dont il
peut mesurer mieux que personne la dangereuse
vanité.

Cette manie, c'est celle qui consiste, — surtout
depuis la circulaire ministérielle du 28 juillet
1906, — à faire de nos petits soldats les grands
élèves d'une sorte de pensionnat et de nos officiers les professeurs ou les répétiteurs destinés à
leur enseigner, entre la soupe et l'astiquage, une
foule de choses... que leurs disciples improvisés
savent beaucoup mieux qu'eux-mêmes.

On a voulu, comme si cela ne devait « gêner en
rien le service et l'instruction militaire », que
les officiers, sous forme de promenades instruc-
tives, de conférences, de causeries ou de leçons de
choses, rappelassent à leurs subordonnés qu'ils
ne seront pas toujours soldats, qu'ils redevien-
dront agriculteurs, ouvriers, commerçants (pourquoi pas cochers ou artistes?), et qu'ils leur donnassent, entre temps, des notions utiles pour
l'exercice de leur ancien métier, qui redeviendra
leur métier du lendemain, après leur temps de
service accompli sous le drapeau.

Conception sentimentale et un peu naïve, qui a le tort, entre beaucoup d'autres, de distraire les chefs et les soldats de cette vérité essentielle, qu'ils sont réunis temporairement dans l'unique but de se préparer les uns et les autres, et les uns par les autres, à la guerre.

Les citoyens français disposent des premières années de leur jeunesse et de toutes les autres années de leur vie (dès qu'ils ont satisfait à la loi militaire) pour exercer le métier qu'ils ont choisi, pour achever les études qu'ils ont commencées, pour faire fortune s'ils peuvent et pour vivre enfin comme il leur plaît.

Ils doivent seulement, pendant deux ans, se prêter à tous les travaux et à toutes les fatigues reconnus nécessaires pour être jugés en état de défendre leur pays, son indépendance, et du même coup leur propre foyer.

Est-ce qu'il y a vraiment lieu, pendant ces vingt-quatre mois, déjà si courts, de ramener obstinément leur pensée vers le champ, l'usine ou l'atelier qu'ils ont dû quitter pour la caserne? Ils s'en souviendront bien assez sans qu'on sollicite leur mémoire, et tout le monde sait qu'ils effacent déjà d'un crayon très fervent les jours après les jours, sur un calendrier où la date de la libération future est glorieusement marquée.

Et quant à ce lieutenant ou ce capitaine que l'on invite à leur parler de culture s'ils sont pay-

sans, de métallurgie ou de construction, d'économie politique, de commerce ou de productions
coloniales s'ils sont dans l'industrie ou dans le
négoce, est-on bien sûr que les petits pioupious
narquois, tout disposés à en croire leurs officiers
quand ceux-ci leur enseignent le maniement
d'armes ou les mouvements tactiques, ne se gaus-
sent pas intérieurement des efforts tentés pour
rectifier leurs idées ataviques sur la terre et ses
produits, ou pour leur faire adopter des idées
toutes faites sur les relations du capital et du travail.

Non ! non ! La vérité est que l'armée n'est pas
instituée pour tout cela. Ce n'est pas seulement
depuis la circulaire de l'an passé qu'on a ainsi
stérilisé en la compliquant l'œuvre régimentaire :
c'est depuis que certaines publications mal com-
prises de la fin du siècle dernier ont mis à la
mode cette espèce de légion nouvelle, imaginée
par des officiers de cabinet, pour la plus grande
gloire de la démocratie — ce qui était fort respectable — mais en même temps pour la plus
grande confusion de l'esprit militaire — ce qui
était tout à fait fâcheux.

Si encore cela se bornait à quelques inutiles
séances, où les troupiers sont de moins en moins
fidèles et qu'ils désertent avec empressement pour
le cabaret de la garnison ou pour le mastroquet
plus commode installé dans leur coopérative de

compagnie!... Mais non ! c'est la vie même de la troupe tout entière qui est arrêtée, parce que les capitaines, déjà distraits de leur véritable tâche par la paperasserie, la comptabilité, l'inspection des magasins et les mille travaux de bureau dont on les accable, doivent maintenant, dès qu'ils ont un peu de liberté, songer à l'enseignement « professionnel » de leurs soldats considérés comme de futurs citoyens. Et ceux-ci, d'un autre côté, sont naturellement conduits à suivre la même inspiration qui a dicté les récentes circulaires ; ils s'appliquent à demeurer autant que possible des travailleurs civils, même sous l'uniforme militaire, et se réfugient dans tous les ateliers de compagnie où ils peuvent manier, au lieu du fusil, leurs outils d'antan.

Résultat : 1° des chefs auxquels il est de moins en moins facile de connaître leurs hommes et de se les attacher ; 2° des hommes qui se déprennent de plus en plus de tout sentiment de solidarité patriotique et de leur zèle initial, puisqu'on semble s'appliquer à leur faire comprendre que la grande affaire n'est plus de se préparer à la guerre, qui peut éclater un jour, mais de né jamais perdre de vue les travaux de la paix.

M. le général Langlois a souligné de la manière la plus éclatante le faux calcul fait de très bonne foi par le ministre, quand il a ainsi orienté nos officiers vers des besognes purement pédagogiques. Il était entendu, en effet, que jamais cet enseignement professionnel ne devait nuire à l'instruction militaire, et cependant l'honorable général cite un régiment — il sait bien, comme moi, que ce régiment n'est pas le seul — où les professeurs du lycée, venant à la rescousse des capitaines, donnent des conférences aux soldats à trois heures de l'après-midi.

Je croyais qu'à cette heure-là l'instruction militaire battait son plein !

Dans un autre, le cours d'agriculture se fait tous les lundis matin, de neuf heures à dix heures.

Dans tous les corps où se font des visites d'établissements industriels, c'est dans l'après-midi, en semaine, qu'elles ont lieu, ce qui se comprend puisque l'on veut montrer les usines en marche ; mais est-ce que vraiment on se figure que de telles promenades sont bien nécessaires pour les recrues venues des usines et qu'elles sont bien utiles pour les recrues venues des fermes? En tout cas, il semble que pour les uns comme pour les autres, ce qui importe par-dessus tout, c'est de leur montrer en plein fonctionnement, en pleine et éclatante vigueur une autre usine à laquelle cependant personne chez nous ne paraît plus songer sérieusement : l'usine où l'on doit nous fabriquer des défenseurs.

Mais voici qui est mieux encore et qui caractérise à merveille l'esprit nouveau : M. le général

Langlois cite, sans le nommer, un colonel d'infanterie qui, pour laisser libre, le vendredi après midi, l'heure promise à un cours professionnel, a tout simplement supprimé, ce jour-là, un exercice militaire qu'il juge probablement de peu d'importance : le tir à la cible !

Bravo, colonel ! Que nos soldats tirent comme des mazettes, mais qu'ils aient des vues exactes sur la culture des petits pois, sur la taille des pierres ou sur la comptabilité en partie double. L'avenir — et l'avancement — appartiendront aux chefs qui nous feront cette armée nouvelle où l'on prisera peu la gloire militaire, cette vieillerie. Il est clair, n'est-ce pas, que nos troupes africaines, en ce moment au Maroc, auraient tout à gagner à posséder des officiers imbus des mêmes principes et s'appliquant à démontrer aux hommes toutes les propriétés textiles des cactus au lieu de se défiler derrière leurs feuilles pour ajuster l'ennemi !...

Mais de quoi vais-je m'étonner ?

On emploie nos capitaines à ravauder des capotes, à carder des matelas et à faire des additions ; on tolère que nos ateliers militaires, sous couleur d'enseignement professionnel, fassent à la main-d'œuvre civile, en mainte ville de garnison, une concurrence déloyale ; on manque à tous les engagements qu'on a pris envers ces sous-officiers rengagés, dont nous avons cependant tant besoin, et l'on décourage ces utiles auxiliaires de la défense nationale ; on pratique ainsi, en pleine crise, une sorte d'antimilitarisme officiel qui vient ingénument en aide à l'antipatriotisme honteux pratiqué par quelques fous malfaisants...

Qui donc mettra enfin le holà ! Qui donc fera sentir aux Chambres républicaines le péril de semblables utopies, qui règnent et gouvernent depuis trop longtemps ?

Que l'on se hâte ! Que l'on en finisse au plus tôt avec ce mensonge de l'utilité d'un enseignement professionnel donné à nos soldats, et que le ministre parle, qu'il ose parler tout haut, pour déclarer que son rôle, à lui, n'est pas de fabriquer des artisans, mais de dresser des soldats !

* * *

Mais se rend-il bien compte, lui-même, du chemin que l'on a parcouru sur cette pente néfaste où l'on s'est laissé entraîner ?

Tout d'abord, le développement du service de l'habillement, la création des ateliers et des magasins de compagnie, la complication de la comptabilité qui en résultait ont absorbé l'attention des capitaines au point que, se transformant en fripiers pour réaliser des économies à l'État, certains d'entre eux faisaient user les effets jusqu'à la corde et habillaient de loques leurs soldats.

J'en ai connu de cette espèce, et je ne jurerais pas qu'il n'y en ait plus. Inutile de dire qu'ils sont plus souvent dans leur magasin qu'à la manœuvre.

Ultérieurement, le service de l'armement a crû en importance. L'entretien des armes des formations de réserve, formations de plus en plus nombreuses, a nécessité le développement des ateliers des chefs armuriers et l'augmentation du nombre de leurs ouvriers. Heureux encore les corps de troupe qui ne sont pas à proximité des établissements de l'artillerie : ils n'échapperaient pas aux corvées de dérouillage et autres.

Un beau jour aussi, le service du génie s'est aperçu qu'il réaliserait de son côté de sérieuses économies en donnant aux corps de troupe quelques bribes de ses crédits, à charge de réparation et d'entretien des casernes. D'où création d'un emploi important d'officier de casernement, agrandissement de l'atelier des sapeurs et augmentation du nombre des employés. Et — paradoxe étonnant — on a aussi augmenté le nombre des officiers d'administration du génie !

Après cela, on s'est dit que l'entretien des vivres de mobilisation et des approvisionnements des premières journées, assuré par l'intendance et ses entrepreneurs, pouvait l'être à meilleur compte par la main-d'œuvre militaire ; d'où quelques hommes encore distraits du service pour l'emmagasinage et la manutention de ces denrées.

Ajoutez aussi quelques ouvriers boulangers détachés des corps de troupe pour travailler dans les manutentions relevant de l'intendance. C'est aux corps également à faire les corvées de pain, alors que les entrepreneurs pourraient parfaitement assurer la livraison dans les quartiers.

On a poussé tellement loin ce système qu'on voit dans certains corps l'officier secrétaire de la commission des ordinaires se transformer en épicier en gros, achetant, de-ci, de-là, au hasard des réclames et des prospectus, sans plus de garanties d'ailleurs que pour les achats aux commerçants de la garnison et à leur détriment. Naturellement, l'officier secrétaire de la commission ne fait pas de service à sa compagnie, et il est imité par un sous-officier et deux ou trois soldats.

Plus tard est venu le service de chauffage et de l'éclairage, très réglementé, cela va sans dire et de plus insuffisamment doté. On trouve cependant le moyen d'y intéresser les corps de troupe, qui vont chercher le charbon à la gare avec des tombereaux et toujours des hommes de corvée... La main-d'œuvre militaire est à si bon marché !

J'allais oublier les jardins militaires, annexes des ordinaires, et le cortège de papiers, registres et employés qui s'y rattachent !

Et voici enfin qu'on a chargé les régiments et les compagnies de l'entretien du matériel de couchage, de son remplacement, du blanchissage aussi, naturellement. On a pu dire en toute sérénité que pas un militaire ne serait distrait du service pour ces opérations. Parbleu ! elles entrent dans ce qu'on est convenu d'appeler, de nos jours, le service militaire ! .

Ainsi l'on trouve dans les régiments : cuisiniers, boulangers, bouchers, épiciers, tailleurs, cordonniers, maçons, peintres, lampistes, plombiers, forgerons, maréchaux ferrants, menuisiers, charpentiers, charrons, bourreliers, cochers, mécaniciens, matelassiers, cardeurs, blanchisseurs, jardiniers, etc., etc. ; tout ce monde travaille dans sa spécialité ; le régiment est un phalanstère ; il peut se suffire à lui-même. Il ne lui manque que des soldats !

Mais, après tout, sont-ils bien utiles ces soldats ? Et aurait-on le temps de les préparer à la guerre ?

Le règlement des manœuvres est le seul à le croire, en posant à sa première page le principe que « la préparation à la guerre est le but unique de l'instruction des troupes ». Il confie, en effet, cette instruction principalement aux capitaines et aux chefs de corps, c'est-à-dire précisément aux deux autorités dont toute l'activité est fatalement absorbée par des attribu-

tions administratives dont la multiplicité, la complication et la minutie sont invraisemblables.
Et l'on s'étonne que dans la plupart de nos régiments on ne fasse que de l'administration ! C'est le
contraire qui serait étonnant.

Pensez-vous, en effet, qu'il y ait une sanction
contre un chef qui présente aux généraux, soit à
une inspection, soit aux manœuvres, une unité
mal instruite ? Nullement ! C'est tout juste si on
ne lui fait pas de compliments ; et la valeur
militaire de l'unité, c'est-à-dire la valeur réelle
de celui qui la commande, n'entre jamais en
ligne de compte pour l'avancement de celui-ci.

Cela change, par exemple, s'il s'agit d'administration ! Lorsqu'un fonctionnaire de l'intendance ou du contrôle découvre, ou croit découvrir,
une erreur dans la comptabilité ; lorsqu'une pièce
périodique n'est pas envoyée à l'heure indiquée,
lorsqu'une des prescriptions des dix mille pages
du *Bulletin officiel* est momentanément oubliée ;
oh ! alors toutes les foudres de l'autorité s'abat-
tent sur la tête des chefs. Les blâmes ministériels sont distribués avec profusion, et impartia-
lité d'ailleurs, car au passage chacun en prend
pour son grade, suivant la formule connue.

Tous les chefs d'état-major des corps d'armée
peuvent affirmer que, sur dix blâmes ou rappels
à l'ordre adressés aux chefs de corps, il y en a
sept qui émanent des directions du contrôle et

de l'intendance ; les trois autres ont généralement trait aussi à des questions administratives ou paperassières. Cela suffit, je pense, pour juger le système à sa valeur.

A qui la faute, dira-t-on ? Hélas ! il faut bien avouer que nous-mêmes, députés ou sénateurs, avons bien contribué, pour notre part, à cet état de choses. On a fait trop de part, devant les commissions de l'armée et du budget, aux propositions de la Direction du Contrôle chargée des intérêts financiers, et pas assez aux observations des officiers compétents et de bonne foi (on en trouve beaucoup) qui auraient pu nous mettre en garde contre les abus administratifs. Ils nous auraient dit, ceux-ci, que les colonels et les capitaines sont mis par ces abus dans l'impossibilité de remplir leur mission d'instructeurs et d'éducateurs, et ce sont eux qui me demandent de pousser le cri d'alarme qui pourra peut-être sauver l'armée de sa perte.

*
* *

Et c'est-là pourquoi je suis intervenu lors de la présentation devant la Chambre du projet de loi relatif au couchage des troupes. Je voulais attirer l'attention sur les inconvénients de l'emploi abusif de la main-d'œuvre militaire, inconvénients qui sont d'autant plus graves que la durée de la présence sous les drapeaux est plus réduite.

N'oublions pas non plus que le travail exécuté par des soldats pourrait être fait par des citoyens dont c'est le gagne-pain. S'il en doit résulter une légère augmentation de dépenses pour le budget, ce ne sera pas une dépense inutile que celle qui se traduira en recette pour la classe ouvrière ! D'ailleurs, ou pourra facilement trouver, et au delà, les sommes nécessaires à l'application de cette réforme urgente, dans les économies fort nombreuses à réaliser dans le budget de la guerre.

Ce qu'il faut éviter, c'est l'ingérence des gros entrepreneurs dans les fournitures de l'armée. L'intendance a donc le devoir d'établir en son nom les marchés de détail, soit avec des individualités locales pour chaque garnison, soit avec des collectivités ouvrières pour une ou plusieurs garnisons d'un même département.

C'est le jour où nous aurons introduit la main-d'œuvre civile pour tous les travaux, manutentions ou fournitures possibles, ne laissant aux corps de troupes que la gestion des fonds et le contrôle de la bonne exécution des marchés, *et c'est ce jour-là, seulement,* que nous aurons vraiment donné à l'armée la possibilité d'appliquer les prescriptions du règlement de manœuvres : « La préparation à la guerre est le but unique de l'instruction des troupes. »

VIII

COMMANDEMENT ET ADMINISTRATION

Ceux de mes lecteurs qui ne portent plus l'uniforme ont sans doute été surpris de ce que je viens de dire, du mal profond qui ronge l'armée : *le mal administratif.*

Combien cependant ne suis-je pas resté encore au-dessous de la vérité ! Il faut avoir un peu vécu de la vie régimentaire pour savoir à quel point la tyrannie administrative a exercé ses funestes ravages ! Et ne croyez pas que ces mauvaises méthodes tendent à disparaître ! C'est tout le contraire ! Il n'y a pas de jour où l'administration ne fasse des siennes ! Lorsqu'une instruction ministérielle invite toute la hiérarchie militaire à réduire les écritures, c'est pour demander un rapport à ce sujet ; il n'est même nul besoin de chercher un autre numéro du *Bulletin officiel* pour trouver trois ou quatre circulaires prescrivant l'établissement de nouvelles paperasses périodiques !

Il faut croire vraiment que la bureaucratie

exerce une emprise bien absolue sur les cerveaux, puisque nous n'avons pas encore trouvé un ministre assez énergique pour rompre définitivement avec ces traditions néfastes, qui feront bientôt de toute l'armée une armée de ronds-de-cuir ! Quand nous déciderons-nous à briser ce moule qui corrompt le jugement, anémie l'intelligence, abaisse le caractère, annihile les bonnes volontés, anéantit toutes les ardeurs ? Et qui donc, enfin, voudra sérieusement débrider la plaie et porter dans la chair pourrie le fer rouge destructeur de la gangrène administrative ?

Il y a trente-cinq ans déjà, un précurseur, qui fut un organisateur de premier ordre, mais qui ne put malheureusement pas faire aboutir les meilleurs de ses projets, j'ai nommé le général Lewal, avait posé un certain nombre de principes dont la justesse ressort encore mieux dé l'état actuel de l'armée. Je les copie :

« Simplifier la comptabilité, les formalités administratives, les correspondances, et remanier les règlements de manière à en former un code clair et précis.

« Supprimer toutes les fonctions parasites, qui chargent inutilement le budget de la guerre.

« Faire appel le plus possible à l'industrie privée pour les fournitures et confections et restreindre la régie directe par l'Etat.

« Dans les fonctions administratives des corps,

employer des administrateurs et non des officiers, tant pour ne pas détourner des officiers de leur véritable service, que pour former des administrateurs initiés aux besoins des troupes.

« Supprimer les dépôts, compagnies et pelotons hors rang, magasins et ateliers des corps qui se pourvoiront d'hommes et d'objets dans les dépôts territoriaux. »

Parmi ces propositions, une des plus remarquables au point de vue qui nous occupe, est celle relative à l'organisation de dépôts territoriaux qui, dans l'esprit du général Lewal, devaient fournir à l'armée tout ce qui lui est nécessaire en hommes et en effets de toute nature, et constituer pour les corps de troupe des centres permanents d'approvisionnements de toute espèce.

De cette idée, les législateurs de 1872 n'ont retenu que l'organisation subdivisionnaire pour le recrutement et l'administration du personnel des réserves. Le moment paraît venu d'en reprendre la notion complète, sur des bases encore plus larges que celles envisagées par le général Lewal.

Puisque, en effet, les règlements posent en principe que l'instruction des troupes doit être uniquement dirigée en vue de la guerre, pourquoi ne pas étendre ce principe à l'organisation même de l'armée, à son administration, à sa comptabilité ? Pourquoi, dès lors, conserver en temps de paix pour les corps de troupe des procédés et des écritures qui sont reconnus trop complexes pour être appliqués en campagne? Pourquoi ne pas constituer, dès le temps de paix et en dehors du corps, le bureau spécial de comptabilité qui doit être créé à la mobilisation, c'est-à-dire au moment même où il aura le plus à faire?

Dans un ordre d'idées analogue, le général Morand, l'auteur de *l'Armée selon la Charte*, écrivait en 1825 : « Un colonel ou conseil d'officiers ne devraient avoir le soin que de surveiller les fournitures ou les distributions, et on en fait des fournisseurs, qui font confectionner, qui ont des magasins, qui tiennent des registres et des comptes! »

Les corps de troupes traîneront-ils ces magasins en campagne? Alors pourquoi les leur donner en temps de paix? Pourquoi leur laisser aussi des ateliers? Pourquoi faire concurrence de tous côtés à l'industrie et au commerce?

Ce qui nous manque, en somme, pour faire de l'armée un organisme réellement vivant, libéré de toutes les questions accessoires et de tous les services dont le rôle primitif était de le faire vivre et qui ont fini par l'absorber, ce qui nous manque, dis-je, c'est une organisation pratique de la *subdivision territoriale*.

Voici, à mon avis, comment cet organe devrait être constitué :

Tout d'abord, à la tête même de la subdivision,

un représentant du commandement, colonel ou lieutenant-colonel, assisté d'un officier supérieur. Ces officiers sortiraient des troupes et y rentreraient ultérieurement. Il faut, en effet, à la direction, des officiers de troupe qui en connaissent les besoins ; sinon, ce nouvel organisme ne tarderait pas, avec nos traditions bureaucratiques, à devenir prépondérant, alors qu'il doit être simplement un rouage annexe destiné à rendre aux régiments le temps nécessaire à leur préparation à la guerre, et aux chefs de tous grades, la liberté d'esprit indispensable à leur mission d'instructeurs de soldats, d'éducateurs d'hommes, de professeurs de combat.

En dehors de l'autorité directrice sur les organes dont je vais parler, le commandant de la subdivision aurait le commandement du territoire, avec toutes les attributions actuelles du général commandant la subdivision.

Sous cette direction, trois organes principaux :

1° *Le bureau de recrutement et des réserves*, sous les ordres d'un officier supérieur, serait chargé de toutes les opérations relatives au contingent annuel, aux engagements et aux rengagements, de la tenue des contrôles et de l'administration du personnel des réserves, des appels, des ordres de route et de mobilisation, de la réquisition des chevaux et des voitures, etc. Ce bureau aurait en outre la charge de l'organisation, de la formation et de la mise sur pied de guerre des unités de nouvelle formation, réserve, armée territoriale et dépôts, avec les cadres actifs ou de réserve mis à sa disposition.

2° *Le bureau de comptabilité subdivisionnaire,* dirigé par un sous-intendant militaire, centraliserait et régulariserait les allocations et les perceptions, tant des corps de troupe stationnés dans la subdivision que des organes subdivisionnaires, tant des matières que des deniers, tiendrait les écritures, les feuilles de journées, les registres et les comptes, etc. A la mobilisation, ce bureau continuerait à fonctionner sans interruption et prendrait en outre la comptabilité de toutes les unités de nouvelle formation mobilisées sur le territoire de la subdivision.

3° *Le dépôt territorial des approvisionnements,* sous la direction d'un officier d'administration comptable du matériel, aurait dans ses attributions la constitution, l'entretien, la manutention, les réparations importantes et, dans une certaine mesure, les transformations des effets de toute nature destinés aux corps de troupe de toutes armes stationnés sur le territoire de la subdivision et à ceux qui s'y mobilisent. Il passerait les marchés en entourant la fabrication et la réception de toutes les garanties possibles, pourrait même, dans certains cas, confectionner directement au compte de l'État, mais en employant

des ouvriers civils ; il aurait la gestion des magasins et la direction des ateliers ; il opérerait enfin
les expéditions et les livraisons aux corps de
troupe sur les demandes de ces derniers et au
fur et à mesure de leurs besoins.

Les deux derniers organes opéreraient pour
tous les corps stationnés dans la subdivision :
mais, comme certaines subdivisions actuelles sont
particulièrement chargées à ce point de vue, il
n'y aurait aucun inconvénient à constituer dans
ces dernières le nombre de bureaux ou de dépôts
annexes nécessaire pour que chacun d'eux ne soit
pas surchargé outre mesure.

En temps de guerre, la subdivision se complé-
terait par les dépôts de personnel de toutes armes
destinés aux unités actives, de réserve ou territoriales mobilisées dans la subdivision, dépôts
dont la formation serait prévue au même titre
que celle des unités nouvelles. Le personnel de
la subdivision serait disponible alors pour le
commandement des unités de réserve et remplacé
au territoire par des officiers en retraite.

Pour compléter cette organisation, j'estime
qu'il conviendrait de centraliser dans chaque
corps d'armée le commandement territorial sous
l'autorité d'un général de brigade, adjoint au
commandant du corps d'armée, qui serait le
directeur des services et l'inspecteur permanent
des subdivisions : notamment, pour vérifier si la

mobilisation est préparée dans tous ses détails, pour prescrire au besoin les mesures complémentaires capables d'en activer l'exécution, pour assurer aux corps de troupe la livraison rapide et exacte des effets qui leur sont nécessaires, pour recevoir les réclamations des corps, juger les contestations, trancher les différends, en un mot pour surveiller le service dans toutes ses parties et le perfectionner.

Voit-on bien les avantages d'une organisation de cette nature qui séparerait l'administration du commandement, tout en lui restant subordonnée, qui simplifierait fort la comptabilité des corps de troupe, qui leur rendrait l'instruction facile, qui faciliterait aussi la mobilisation ?

Et le personnel, dira-t-on ? Mais n'avons-nous pas déjà les sous-intendants et les commandants de bureau de recrutement ? Joignez-y les lieutenants-colonels et les majors des corps de troupe, qui seront mieux à leur place dans les subdivisions que dans les régiments. Voilà le personnel trouvé.

Eh bien, officiers, mes camarades ; législateurs, mes collègues, ne pensez-vous pas qu'il y aurait quelque chose à faire, enfin, dans l'ordre des idées émises en 1825 par le général Morand et développées en 1871 par le colonel Lewal ?

———————

IX

LE FAISCEAU

Nous avons une armée de terre afin de combattre nos ennemis s'ils nous attaquent sur notre sol, et de porter la guerre chez eux si nous avons été assez heureux pour les rejeter au delà de nos frontières.

Nous avons une marine pour protéger nos côtes, nos ports et nos navires de commerce, et pour combattre les vaisseaux de l'assaillant.

Nous avons une armée coloniale pour défendre nos possessions lointaines, concurremment avec les troupes indigènes et les milices locales que nous avons développées et instruites.

Nous avons, en outre, un ministre de la Guerre pour commander à nos troupes, un ministre de la Marine pour commander à nos flottes et un ministre des Colonies pour assurer, de concert avec les deux autres, la garde efficace des Frances d'outre-mer.

Mais quel organe directeur possédons-nous pour assurer en tout temps une liaison intime entre ces trois ministères ? Quel rouage, dans la machine gouvernementale française, est chargé de donner une impulsion d'ensemble à ces différents agents de la défense nationale ?

Si la guerre éclatait demain, je vois bien comment se ferait la mobilisation de nos forces continentales ; je sais bien quel chef suprême elles auraient et de quels commandants seraient pourvues les diverses armées. Je puis bien imaginer aussi les hypothèses différentes d'après lesquelles un généralissime établirait son plan de campagne ; mais si l'agression, par exemple, nous venait de l'Est, comment l'action de notre marine se raccorderait-elle à celle de l'armée ? Quelle autorité dicterait aux amiraux les manœuvres d'ensemble à poursuivre pour seconder les efforts des généraux ?

En supposant même que nos chefs d'escadre et nos chefs d'armée sachent se mettre patriotiquement d'accord au moment des hostilités, faire abstraction de toute préférence personnelle, de tout excès d'ambition, de toute jalousie, sommes-nous assurés qu'ils agiront dans un concert parfait, alors que, dès le temps de paix, nous n'aurons pas disposé toutes choses pour marier leurs mouvements et discipliner leurs efforts ?

Ce n'est pas une question nouvelle que je soulève ici : elle a déjà été posée à diverses reprises et de la manière la plus pressante. On a même cru la résoudre par un décret rendu le 3 avril 1906, sur la proposition de MM. Deschanel et Klotz, et portant création d'un Conseil supérieur de la Défense nationale : « Il a à sa tête le président du Conseil, et ne comprend pas seulement les trois ministres qui se partagent la responsabilité de la Défense nationale, mais encore le ministre des Affaires étrangères, organe des nécessités diplomatiques, et le ministre des Finances, juge des possibilités financières. Les chefs d'état-major de la guerre et de la marine et le président du comité consultatif de la défense des colonies assistent aux séances avec voix consultative, ainsi que toute personne compétente dont l'avis technique peut être utile à connaître. Enfin, un secrétariat permanent, composé de trois officiers de l'armée métropolitaine, de l'armée de mer et de l'armée coloniale, est chargé de la préparation matérielle et de la mise au point des questions à traiter dans les réunions semestrielles de ce conseil. »

Il y a quinze mois que ce décret a été rendu. Le Conseil de la Défense nationale ne s'est encore réuni que deux fois, et son secrétariat permanent n'est même pas constitué, malgré les réclamations formulées par mon collègue, M. Messimy, dans son rapport de 1906 !

Ainsi, les observations du Parlement, les décrets du gouvernement, l'intérêt évident du pays

— tout a été impuissant à triompher de la mauvaise volonté de trois administrations ennemies, qui veulent rester, chacune, maîtresses chez elles !

Les forces créées à grands frais par la nation sont maniées, sans ensemble et suivant des tendances parfois divergentes, parce qu'il manque toujours entre elles le lien qui devrait les unir et les discipliner.

C'est, à mes yeux, la preuve qu'au lieu d'un conseil, d'un comité ou d'une commission à titre impressionnant et solennel, il nous faudrait un organe beaucoup plus simple et plus pratique.

Le chef du cabinet, représentant au pouvoir de la majorité parlementaire, est admirablement qualifié pour obtenir de ses collègues, et au besoin pour leur imposer un accord de tous les instants et sur toutes les questions. Il suffira qu'il ait auprès de lui, comme attachés militaires, un officier supérieur de la guerre, un officier supérieur de la marine et un de l'armée coloniale, capables de lui fournir tous les renseignements utiles sur la marche des services de part et d'autre et de lui signaler les défauts d'harmonie existants, pour que la liaison nécessaire puisse être rétablie aussitôt entre les différents organismes de la défense du pays.

En cas de difficulté persistante, le premier ministre n'est-il pas le personnage indiqué pour arbitrer les différends entre deux départements ministériels.

Et ne pourra-t-il pas trouver également des indications utiles auprès de certains autres de ses collègues, comme le ministre du Commerce, par exemple, ou le ministre des Travaux publics, ou celui du Travail, quand il faudra envisager ce qui concerne la défense de nos grands centres commerciaux ou ce qui touche les ateliers de construction, les arsenaux et le reste ?...

Nous verrions disparaître alors — du moins, il est permis de l'espérer — certaines anomalies que perpétue actuellement un fâcheux état de division et même d'antagonisme, non pas entre les personnes, mais entre les systèmes et les traditions des bureaux, des administrations différentes.

Nous ne verrions plus tels ou tels points de la côte française, en Europe ou aux colonies, plus ou moins bien défendus, suivant que le soin de leur protection a été confié à la Guerre, à la Marine ou aux Colonies.

Nous ne verrions plus Saïgon et Dakar efficacement protégés parce que le ministre des Colonies a demandé ses canons rue Royale et qu'on lui a donné des pièces semblables à celles qui arment les plus forts navires, c'est-à-dire portant à 12 ou 15 kilomètres ; mais Le Havre, Saint-Nazaire et, en général, tous nos grands ports de commerce continentaux exposés aux atteintes des flottes ennemies, sans pouvoir riposter, parce que la rue Saint-Dominique, chargée de leur défense, a commencé par dépenser des millions pour construire des batteries de côte, dans lesquelles ensuite elle a placé des canons ne tirant qu'à huit kilomètres, les seuls qu'elle fabrique elle-même. Plutôt que de consentir à s'adresser à l'industrie privée ou même aux fonderies de la marine, le ministère de la Guerre a préféré manquer à son devoir qui était de protéger efficacement nos grandes cités commerçantes !

C'est en vertu de ce système que nous voyons Bizerte, qui est une des clefs de notre empire africain, moins bien pourvue d'artillerie que le cap Saint-Jacques (Cochinchine), parce que c'est le ministère des Colonies qui a armé celui-ci avec des canons de la marine, et la Guerre qui a armé celle-là, sans paraître se douter qu'une flotte ennemie serait pourvue d'engins supérieurs !

Nous ne verrions plus certaines batteries de côte manquer de projecteurs ou de moyens d'éclairage parce que l'armée ne leur en a pas donné, mais d'autres en posséder parce que la flotte sait qu'on ne peut, sans appareils de ce genre, tirer, la nuit, sur des buts invisibles.

Ce n'est pas un conseil supérieur se réunissant tous les six mois — ou ne se réunissant jamais — qui peut corriger des fautes aussi préjudiciables au pays ; ce n'est pas une assemblée siégeant en grande cérémonie, une sorte de Conseil des Anciens, chargé de délibérer sur les intérêts de la Défense nationale, et se livrant, en réalité, à un échange de congratulations : c'est tous les jours, à toute heure, que les questions doivent être résolues entre ministres responsables, au fur et à mesure qu'elles naissent.

Tout le monde y gagnera.

En réalité, n'est-il pas monstrueux, au point de vue de la sincérité du régime représentatif, que le personnage politique, dont la responsabilité s'étend sur toutes les branches du gouvernement national, soit mis officiellement à l'écart de tout ce qui concerne la défense du pays et que, s'il est tenu courtoisement au courant de ce qui se passe par des collègues bien élevés et loyaux, il ne puisse directement s'informer, en dehors d'eux, de ce que leur négligence lui aura peut-être laissé ignorer, de ce que leur mauvaise foi, s'ils se sentent coupables, aura pu lui cacher, ou de ce que leur maladresse aura pu les empêcher eux-mêmes de voir ou de comprendre ?

Chacun a sa part de responsabilité dans le désordre actuel, et je n'en veux pour preuve, après avoir cité les torts de l'armée de terre, que ce fait, à la charge de la marine, dont j'ai déjà entretenu la Chambre il y a quelques mois et qui n'a pas encore été corrigé :

Certaines batteries de côte ont été pourvues d'un obus doué, dit-on, de propriétés remarquables, et dont on a demandé l'essai sur but flottant. Le ministre de la Guerre, comme le général très distingué qui a inventé ce projectile, réclament *depuis sept ans* une expérience nécessaire, et *depuis sept ans* le ministère de la Marine la leur refuse!

Ce qui pourrait être pour notre défense une arme précieuse n'est plus, sur notre front de mer, qu'une cause d'encombrement inutile, car on a tout de suite fabriqué pour plusieurs millions de francs de ces obus, sans même avoir vérifié ce qu'ils valent!

En voilà assez! Tous les sacrifices que fait la nation risqueront d'être stériles, tant que les précautions ne seront pas prises pour que toutes nos ressources et toutes nos forces, en cas de conflit, concourent au même but. Le seul moyen d'assurer cette collaboration permanente de toutes nos armes, c'est que le véritable chef du gouvernement puisse enfin les réunir en faisceau.

TROISIÈME PARTIE

La Gendarmerie.

I

LA NOUVELLE GENDARMERIE

Il y a deux ans que l'on s'est avisé tout à coup de la nécessité de procéder à une réorganisation au moins partielle des forces de la gendarmerie. On s'était aperçu qu'elle ne suffisait pas à assurer la sécurité des campagnes, et l'on aurait voulu, cependant, qu'elle fût encore chargée, à l'exclusion de toutes les autres troupes, de faire la police des grèves !...

L'an dernier surtout, les formidables concentrations de soldats nécessitées par les troubles du Nord, à la suite de la catastrophe de Courrières, puis par l'appréhension, à Paris, d'un 1er mai tumultueux, avaient été si coûteuses et elles avaient en outre apporté tant de retard dans les travaux ordinaires des régiments, pour l'instruction des recrues et la préparation à la guerre, qu'il devenait urgent de trouver un moyen pratique de décharger autant que possible l'armée d'un rôle qui la gêne et qui lui pèse.

Le soldat, l'homme de troupe du service réduit, est peu fait pour une besogne à laquelle on ne l'a point préparé. C'est miracle, s'il l'accomplit sans violences ; en tout cas, il souffre d'avoir à l'entreprendre, et ce n'est point pour cela en effet qu'on l'a pris à sa famille, à ses travaux : c'est pour le dresser à la défense du pays contre l'étranger.

Le gendarme, au contraire, depuis longtemps rompu à la discipline et mieux habitué à dominer ses nerfs, est considéré par les grévistes, en face desquels on l'envoie, non comme un adversaire absolu, qu'il leur faut débaucher ou lapider, mais comme un voisin officiel, comme un témoin quotidien des travaux et des souffrances de la population dont il partage presque la vie, en temps ordinaire. Son uniforme est connu ; sa rassurante prestance est familière aux chemins du pays, où il a maintes fois protégé les droits de chacun et naïvement commenté la loi. Il connaît la foule, ses défauts, ses qualités. Il sait tout ce que l'on peut obtenir d'elle, et comment il faut s'y prendre pour l'obtenir.

La gendarmerie et le peuple, qu'il y ait fête ou conflit, se comprennent. Le gendarme surveille, explique, morigène au besoin. Souvent il concilie. En résumé, il inspire confiance.

Seulement, des gendarmes, il n'y en a pas assez pour tout ce que l'on exige d'eux !

Le projet du gouvernement consiste à créer une gendarmerie mobile qui grèverait nos finances de près de six millions de francs. Cette troupe se transporterait, en cas de conflits, sur les points où sa présence paraîtrait nécessaire et agirait ainsi, dans les régions inconnues pour elle, comme le font maintenant les troupes actives appelées à la protection des fabriques ou des mines.

Aurait-elle le doigté nécessaire pour ne pas envenimer les querelles ? Personne n'en sait rien, car ces gendarmes-là, qu'on n'aurait jamais vus dans la région et que les ouvriers sauraient spécialement réservés au rôle de surveillants des grèves, n'auraient rien à leurs yeux du caractère éminemment pacifique et cordial de la maréchaussée ordinaire. Ce serait, en province, quelque chose d'analogue à ce qu'étaient, à Paris, les fameuses brigades centrales de la police. Voilà tout.

Et puis, enfin, il n'y a pas toujours de grève ! Que feront ces spécialistes quand on ne chômera plus ? A quoi serviront-ils ? Les époques de calme sont heureusement plus nombreuses que les journées d'effervescence. Voilà donc une troupe nouvelle et coûteuse que l'on aura créée pour de brèves périodes d'activité, mais aussi pour de longues mortes-saisons.

La commission de l'armée a envisagé toutes ces conséquences du projet porté devant elle, et le résultat de ses délibérations a été de ne pas l'adopter. Elle a, selon moi, fort bien fait.

A quoi bon créer un organisme nouveau, en effet, quand on peut obtenir le résultat que l'on cherche en utilisant mieux les forces que l'on possède ?

Je prétends qu'au lieu de former cette gendarmerie mobile, on devrait modifier celle qui existe, et qu'ainsi l'on atteindrait le même but sans qu'il en coûtât rien au pays.

Tout d'abord, il y aurait lieu de constituer une cinquantaine de nouvelles brigades, en certains départements où l'effectif est notoirement insuffisant. De ce nombre sont le Nord, le Pas-de-Calais, la Haute-Loire, la Saône-et-Loire, la Meurthe-et Moselle, le Tarn, etc.

Il faudrait aussi, conformément à l'idée très heureuse qu'a émise M. Berteaux, président de la commission de l'armée, organiser, à titre d'essai, une école de gendarmerie. Il y en a une en Belgique. Elle produit d'excellents sujets.

Les gendarmes nouvellement admis au corps, jeunes et célibataires, viendraient passer à cette école au moins une année, avant d'être envoyés dans les brigades. Ils y seraient employés, en temps normal, au service ordinaire de surveillance qui incombe à la gendarmerie : plantons dans les tribunaux, patrouilles, réunions, fêtes publiques, remplacement de vacances dans les brigades, etc... Ils apprendraient ainsi leur métier, et, en cas de troubles menaçants, on pourrait les envoyer sur les lieux dès le début, et comme « premier échelon », en attendant l'arrivée des brigades retardataires.

Cette école devrait être installée dans le département du Nord, où la besogne est écrasante. Les cinq cents hommes qui assurent l'ordre, actuellement, dans cette région, la plus populeuse de la France, ont dû fournir en une seule année le service suivant :

Ils ont dressé 3 8229 procès-verbaux ;

Ils ont fait 8 333 transferts de prisonniers ;

Ils ont arrêté 1 351 vagabonds.

On conviendra que c'est là une formidable besogne et pour laquelle un peu d'aide ferait grand bien !

Donc, création de nouvelles brigades dans les quelques départements où le besoin s'en fait sentir, et institution, dans le Nord, d'une école de gendarmerie comprenant par exemple 125 fantassins et 125 cavaliers : voilà ce que tout d'abord nous devons envisager.

Mais l' « argent » ? Avec quelles ressources doter ces nouveaux organismes ?

L'argent ? Nous l'avons !

De l'avis même des officiers de l'arme qui m'adressent journellement leurs doléances, ce sont les réformes à introduire dans la gendarmerie elle-même qui produiront les sommes nécessaires pour l'augmentation de l'effectif de cinq cents gendarmes, dont moitié à pied et moitié à cheval, y compris l'école à créer. Il va sans dire que les départements intéressés devraient supporter les frais de casernement. Mais pas un seul ne s'y refusera.

Les économies à réaliser tout de suite sont nombreuses :

En premier lieu, il faudrait supprimer immédiatement les cadres des 7ᵉ, 14ᵉ, 15ᵉ, 16ᵉ et 17ᵉ légions, *bis*, dont l'inutilité est indiscutable, et qui ne font que compliquer le service. Ils avaient été nommés à une époque où la difficulté des communications, en certains départements, retardait l'exécution des ordres et compliquait le service. Avec le progrès réalisé de toutes parts, au point de vue de la rapidité des transports, ces dédoublements coûteux de cadres doivent disparaître. Il n'y a guère plus que la Corse où ils ont encore une raison d'exister.

D'autre part, et pour le même motif, une cinquantaine d'arrondissements ont été scindés en deux sections, à l'époque où aucun chemin de fer ne les sillonnait encore et bien longtemps avant le triomphe de la bicyclette. On peut facilement, aujourd'hui, supprimer toutes ces subdivisions, sans toucher à aucun gendarme.

Mais quand on aura réalisé la réforme dont je viens de préciser les termes, on n'aura rien fait encore pour atteindre le but que l'on poursuit, si l'on ne se décide pas enfin à améliorer la situation matérielle de ces bons serviteurs du pays et à les délivrer en même temps de certaines obligations humiliantes et ridicules qu'on leur impose.

II

LE MARTYRE DES GENDARMES

La situation qui leur est faite est en réalité détestable à tous les points de vue.

En ce qui concerne la solde, par exemple, un gendarme qui réunit toutes les conditions voulues d'ancienneté, qui ajoute à son traitement sa haute paie journalière, touche mensuellement 102 fr. 3o, ou 102 fr. 90, suivant que le mois est de trente ou de trente et un jours. Or, contrairement à ce que beaucoup de personnes pensent, le gendarme n'est ni habillé, ni chauffé, ni éclairé gratuitement. Avec ce modeste salaire, il doit, sans espoir aucun d'augmentation, subvenir à son entretien et à celui de sa famille. Il serait bon qu'on lui assure un traitement de 120 francs par mois au bout de 15 années de services. On aurait peut-être ainsi moins de départs en retraite proportionnelle à déplorer.

L'augmentation qui en résulterait pour le budget serait aisément compensée par la suppression de frais excessifs occasionnés, dans l'arme même de la gendarmerie, par toutes les inspections inutiles qui nuisent plus qu'elles ne profitent à ce corps d'élite, que ces surveillances fastidieuses exaspèrent.

Le gendarme n'est plus un jeune soldat. Par la sélection même qui le recrute, il présente les plus absolues et les plus admirables garanties.

Or, l'autorité supérieure s'ingénie à le traiter en « bleu » et à paralyser en quelque sorte l'action civile que l'on attend de lui, par la fréquence d'exercices militaires qui sont des manières de contresens. La gendarmerie n'est certainement pas un corps de troupe comme les autres, puisque rien de ce qui est arrêté pour les corps ordinaires n'est applicable à elle qui se rapproche beaucoup d'une administration. Or, on la fait vivre dans une perpétuelle équivoque. Elle n'a pas les avantages d'une institution civile et elle souffre de tous les désagréments d'une institution militaire.

A propos des actes criminels qui ont terrorisé les environs d'Hazebrouck durant plusieurs mois, on a émis des doutes sur l'efficacité et la perspicacité des gendarmes.

En vérité, comment veut-on que ces gendarmes accomplissent la besogne surhumaine d'être à la fois au four et au moulin, c'est-à-dire sur les routes et à la caserne !

Les revues se succèdent avec une fréquence enfantine et les inspecteurs en sont réduits à écrire des rapports comme celui que j'ai sous les yeux et qui est daté du mois de décembre dernier.

BRIGADE A CHEVAL À 5 HOMMES COMPLÈTE

Le brigadier A. et le gendarme B. en conduite de prisonnier.

Le gendarme C. est d'abord vu seul à la caserne dont sont absents les gendarmes D. et E. qui font les constatations et l'enquête relatives à un suicide et ne rentrent qu'à la fin de l'inspection. *Ces derniers militaires déplaceront les agrafes de leurs cols de tuniques dont les deux côtés ne se rejoignent pas.* Celle du gendarme D. dont la jupe droite a été déchirée ne sera plus portée que sous la pèlerine ou la nuit.

INSTRUCTION MILITAIRE

Un peu trop superficielle. Le mauvais temps ne permet point de manœuvrer à cheval à l'extérieur, mais je m'assure que, théoriquement, les gendarmes C. et E. ignorent les principes nécessaires pour faire régulièrement les mouvements de « sortir du rang », « allonger et ralentir le pas et le trot ». A pied, il y a lieu de soigner la manœuvre des armes dans le détail.

Les trois gendarmes présents font mal le demi-tour de pied ferme, et cependant on a repris l'instruction le mois dernier.

Les exercices devront être faits plus sérieusement...

Ni demande, ni plainte, ni réclamation.

Signé : X...

A quoi peut bien servir un semblable rapport?

Il est à noter d'ailleurs, que plusieurs autres inspections compléteront celle-là. Quels frais pour le budget et quelle superfétation pour l'intérêt du pays ou même de la discipline !

Ces revues étranges se compliquent encore du fait des visites inquisitoriales qui se produisent dans les ménages mêmes des gendarmes. De quinze à seize fois par an, on inspecte leur logis. Il y a là quelque chose d'humiliant. Le logement du sous-officier marié des autres armes est à l'abri de cette invasion. Le gendarme, lui, la subit.

Les gendarmes mariés doivent enjoindre à leur femme de rester dans leur cuisine pendant les revues et de ne parler que si on les interroge. Les enfants également (ordre du 25 avril 1901 et 26 mai 1901). Je sais un modeste logement de gendarme composé de deux étroites petites pièces où le même jour étaient présents un général de division, un chef d'escadron officier d'ordonnance, un chef d'escadron commandant, un capitaine d'arrondissement, un lieutenant trésorier, un maréchal des logis et l'humble gendarme dont on inspectait le linge de corps et le bois de lit.

Il y a là une exagération évidente, quand on songe que le gendarme est comptable de ses effets qui lui appartiennent en propre.

Non seulement, on inspecte le gendarme, mais on « note » sa femme. Et nous en arrivons alors à cette outrance indigne du régime où nous vivons : c'est que si la compagne du gendarme est trop simple, elle est « cataloguée » comme mal soignée, et si elle ne l'est pas assez, elle est notée comme « coquette ». De toutes façons, c'est son mari qui subit le contre-coup de la constatation.

Les plaintes sont unanimes à ce sujet, et on ne saurait en vouloir à ces si braves et si dévoués serviteurs de la peine qu'ils conçoivent de se voir si peu considérés en retour de tout ce que la République leur demande.

Ce qu'il est aussi fort difficile d'admettre pour ces hommes dont l'importance judiciaire s'augmente de jour en jour, c'est l'exagération avec laquelle on les oblige aux « exercices ».

On paraît oublier que presque tous sont d'anciens sous-officiers. Dès lors, pourquoi leur infliger les inutiles corvées des maniements d'armes qu'ils seraient aussi aptes à enseigner que les sergents de l'active ?

En résumé, le gendarme, à l'heure présente, constitue pour le commandement un homme étrange, un rouage hybride que l'on considère à la fois comme un soldat dont on se méfie et comme un officier de police judiciaire en qui l'on a confiance.

C'est trop ou ce n'est pas assez !

De plus en plus le rôle de la gendarmerie s'élargit. De plus en plus son unité se confirme. Mais de jour en jour aussi, le gendarme subit les charges croissantes de son rôle civique et judiciaire, en même temps que les humiliations d'une véritable déchéance militaire.

Je n'exagère pas. Plus nous allons, plus le gendarme s'afflige, s'émeut et... quitte l'armée, à la recherche des situations civiles où il aura à subir plus de besogne, peut-être, mais moins de vexations professionnelles.

Il y a là un danger, je le signale.

Nul serviteur du pays n'est plus honnête, n'est plus précieux. Si la République veut garder le gendarme, qu'elle ne le fatigue point par de mesquines formalités de service intérieur qui ne sont que des caricatures de la discipline.

III

LEURS PLAINTES

Ce que je viens de dire des revues inutiles, fastidieuses et blessantes auxquelles sont soumis les gendarmes aura peut-être semblé un peu exagéré à quelques personnes, qui se seront demandé s'il y a là, pour des soldats d'élite, matière à plaintes sérieuses. Que les incrédules se détrompent ! Je suis resté encore au-dessous de la vérité. On en est arrivé à terroriser ces braves serviteurs.

Quelques journaux de l'Ouest signalaient récemment le suicide d'un brigadier de gendarmerie d'Evran, le jour même où sa brigade devait être passée en revue. A ce sujet un de ses camarades m'écrit :

« Les chefs de brigade ne peuvent être ennuyés que pour des futilités ! *Ils n'ont pas de maniements de fonds. On ne peut donc pas les accuser de malversations !* Mais ce sont ces mille riens de l'astiquage et les innombrables théories intermi-

nables et inutiles qui agacent, énervent, exaspèrent et crispent les gendarmes... »

D'où vient ce mal? C'est un autre de mes correspondants qui va me le dire :

« Les capitaines des corps de troupe ne viennent dans la gendarmerie que pour des raisons
particulières d'avancement. Ce n'est pas parce
qu'ils veulent changer de métier. Au contraire !
Donc, n'ayant plus d'occupations militaires proprement dites, ils s'en forgent et se confinent
dans une sorte de caporalisme. Ils s'en tiennent
aux détails de tenue et à des mesquineries
indignes d'un sergent de section de l'active. Il y
a quelques exceptions, heureusement, mais elles
ne font que confirmer la règle. »

Je trouve, dans une autre lettre, les mêmes
raisons exposées avec cette aggravation :

« Plus l'on s'élève dans la hiérarchie de la
gendarmerie, plus inutile est la fonction et moins
on s'occupe de police. Il est bien entendu que
par « police » j'entends la police judiciaire et
pas autre chose... »

Comme cette opinion vient bien à l'appui de
ce que disait récemment M. le président du
Conseil à la tribune de la Chambre, à propos des
questions qui lui étaient posées sur l'insécurité
des campagnes du Nord et de la banlieue de
Paris :

« ... A proprement parler, disait M. Clemenceau, la gendarmerie n'est vraiment pas une force de police rurale. Elle a un très grand nombre d'autres occupations, et il y a ceci de bizarre que beaucoup de ses chefs ne trouvent pas agréable que la gendarmerie s'occupe trop de police... »

Et c'est sans doute pourquoi, tandis que le pays attend d'eux l'accomplissement de cette besogne civile de sauvegarde, les chefs s'obstinent à infliger aux gendarmes les accablantes et énervantes corvées du plus humble métier militaire !

La situation de ces hommes est véritablement bâtarde.

On se plaint d'eux parce qu'ils ne sont pas suffisamment préparés aux missions judiciaires et, d'autre part, on leur reproche de ne pas être suffisamment entraînés aux pratiques de la caserne.

Le Parlement leur dit : « Pourquoi n'êtes-vous pas sur nos grandes routes à surveiller les agissements des vagabonds et à enquêter sur les méfaits des criminels ? »

Leurs chefs leur disent : « Restez à la caserne pour étudier le demi-tour, pour astiquer les gourmettes de vos chevaux et pour vernir vos étuis à revolver. »

Et c'est entre ces deux feux-là que le gendarme se débat sans pouvoir en sortir !

L'un d'eux m'écrit :

« Comment voulez-vous que j'arrive à débrouiller les fils d'une enquête délicate qui demanderait à être faite d'urgence, quand j'ai à examiner pour la revue du lendemain le tablier de ma femme, le parquet de ma cuisine et les souliers de mes enfants ? Comment voulez-vous que, lorsque le hasard me met sur une piste intéressante, je la poursuive, quand je sais que je serai puni, lors d'une inspection inopinée, si je ne sais pas la nomenclature de toutes les pièces de mes armes, ou si j'ai oublié combien de centigrammes de poudre entrent dans la fabrication d'une cartouche ? »

La raison de ces inspections inutiles, de ces revues obsédantes m'est donnée par un officier lui-même :

« ... Ces cérémonies, dit-il, servent de semblant d'occupation aux généraux du comité ou aux chefs de légion... »

Ce n'est pas là un motif suffisant pour continuer ces pratiques désolantes, qui risquent, si elles persistent, de désorganiser une des plus grandes et des plus fidèles forces de la République.

J'ai dit plus haut combien il faut craindre de voir se multiplier les départs prématurés de gendarmes en retraite proportionnelle :

« Ces départs sont forcés, m'écrit un des intéressés. L'injustice avec laquelle on nous traite nous y oblige. Pour ma part, lorsque j'aurai trois ans et demi de plus, je m'en irai « dans le civil », à la recherche d'une situation que je n'aurai pas de mal à trouver meilleure... Je passerai moins de revues inutiles, on ne me bafouera pas devant mes égaux et mes inférieurs, devant même ma femme et mes enfants, et cela, pour des inepties sans nom ! »

Les départs en retraite proportionnelle !

C'est là, en effet, le grand péril que court notre gendarmerie.

A mesure que ces départs, qui ressemblent à des fuites, se précipiteront, le recrutement deviendra plus difficile.

Et alors, il faudra bien se résoudre à finir par où l'on aurait dû commencer : par la modification du règlement suranné qui régit notre gendarmerie nationale.

IV

LE RUBAN JAUNE

Il y a, en France, vingt-cinq mille soldats qui
sont toujours sur le pied de guerre. Leur mobilisation est permanente; leurs dangers sont de
tous les jours. L'ennemi, pour eux, peut se rencontrer au détour de chaque chemin, à l'orée de
chaque bois, sous la figure d'un forçat évadé
vêtu comme un chemineau ou d'un fraudeur exas-
péré qui s'embusque pour les attendre.

Ils sont constamment de service, aux ordres
du gouvernement, de la magistrature ou des
municipalités.

C'est eux qui forment sur tout le pays comme
un réseau solidement établi par où se répandent
et se dispersent les ordres de l'autorité supérieure. Ils avertissent, ils recrutent les autres
soldats qui n'auront à se battre qu'en temps de
conflit international ; mais eux, il faut qu'ils
soient toujours prêts à la lutte contre les malfaiteurs qui les détestent et les redoutent.

Ils ont femme et enfants ; mais ça ne compte

pas : ils doivent marcher sans cesse, comme des aventuriers sans famille et sans foyer. On les a choisis à cet effet parmi des hommes d'élite qui sortent du rang avec des notes irréprochables et des qualités physiques et morales éclatantes.

Aussi leur dignité parfaite a-t-elle provoqué de tout temps, et plus encore aujourd'hui que jamais, le respect unanime de nos compatriotes. Leur tenue extérieure est un modèle de correction ; leur discipline, sans égale. Ils remplissent leurs multiples devoirs avec une entière sérénité, avec un courage qui est de tous les instants. Ils savent se montrer paternels quand il ne s'agit que d'un désordre fortuit qu'un peu de modération peut apaiser ; ils sont résolus, vigoureux et parfois obstinés jusqu'à l'héroïsme; lorsque se dresse en face d'eux un danger public dont il faut avoir raison par la force.

Ce sont les gendarmes, qui vont, en tunique noire à aiguillettes blanches, en pantalon bleu à bandes noires et avec le képi galonné de laine, sur toutes les routes de France...

Eh bien ! ces hommes, qui sont à la fois une parure et une sauvegarde pour la nation; ces fidèles serviteurs sur lesquels on peut toujours compter et que l'on ne se fait point faute, en effet, d'employer aux plus dures besognes, on ne se contente pas de retarder indéfiniment les

améliorations de leur sort qui sont depuis longtemps reconnues nécessaires par leurs officiers,
par tous les écrivains et par tous les arbitres
militaires, par tous les hommes qui ont étudié
de près leurs obligations et leurs charges : on ne
leur accorde même pas avec la libéralité recon-
naissante qu'il faudrait les distinctions honori-
fiques auxquelles ils ont tant de droits !

C'est avec une parcimonie singulière et bles-
sante qu'on leur attribue ce ruban de la médaille
militaire qui est la plus belle récompense du
soldat, puisque nos plus illustres chefs, parvenus
au terme de leur carrière et chargés de grands
cordons, l'ambitionnent comme la suprême con-
sécration de leur mérite.

Alors qu'un sous-officier de l'armée active peut
obtenir la médaille dès qu'il compte vingt-deux
annuités (années de services et campagnes), un
gendarme ne pourra l'avoir qu'après vingt-sept
ou vingt-huit annuités.

Il ne suffira pas qu'il ait servi pendant un quart
de siècle sans encourir un blâme ; il ne suffira
pas qu'il y ait à son livret les notes les plus élo-
gieuses, pour que l'on agrafe à sa tunique le
modeste bijou d'argent grâce auquel il se trouverait honorablement payé de ses peines et de son
dévouement : il faudra qu'il attende encore un
peu. — Oh ! pas longtemps ! deux ou trois ans
à peine !

Si la maladie et la mort viennent avant la
médaille, tant pis pour le gendarme !

Nous ne sommes que des ingrats !

*
* *

Il y a d'autres soldats encore dont c'est la
tâche brillante et redoutable entre toutes, de
garder pour nous l'empire immense conquis par
la France républicaine. Les populations qui les
habitent sont parfois sourdement travaillées par
la révolte ; il arrive que des insurrections locales
ou des incursions de bandits mettent en péril,
sinon notre domination, du moins la sécurité de
nos colons. Nous avons des détachements, des
compagnies, des bataillons de ces soldats qui
entourent notre drapeau et qui le défendent sous
toutes les latitudes, contre les agressions, avec le
même entrain, la même vaillance et le même
succès.

Les uns occupent les immenses territoires de
l'Afrique occidentale ; ils garantissent, sur la
côte orientale, la sécurité d'une île plus grande
que la France et peuplée de quatre millions de
nos sujets.

D'autres veillent sur nos établissements d'Océa-
nie, où nous comptons vingt-quatre mille kilomètres carrés et cent mille indigènes soumis à
nos lois.

D'autres encore font la majeure partie de la garnison de nos colonies indo-chinoises, et de nos protectorats, qui comprennent près d'un million de kilomètres carrés et vingt-huit millions de clients : protégés, colons ou indigènes.

Nos comptoirs de l'Inde, nos vieilles possessions des Antilles et de l'Amérique du Sud, quelques-unes de nos colonies africaines voient encore les mêmes troupes représenter chez elles la force métropolitaine. Partout, quel que soit le climat, elles bravent à la fois l'ennemi et la maladie, pour permettre à notre civilisation de pénétrer toujours plus loin.

Leur tâche est si rude, et les fièvres, — sans parler du reste ! — les déciment à ce point, qu'il a fallu réduire le temps de leur service au loin et permettre à ces braves, que leur esprit d'aventure et la soif d'être utiles avaient poussés à choisir le service colonial, de venir périodiquement se reposer dans leur patrie. On les relève, comme des factionnaires d'avant-postes, — ou comme des blessés !

Troupe merveilleuse, qui a ses défauts, certes, comme bien d'autres, mais qui se distingue par un exceptionnel entrain, par une souplesse incomparable aux mains de ses chefs !

On fait d'elle tout ce qu'on veut. Elle est prête aux efforts les plus soutenus, les plus longs, les plus patients.

Elle est prête aussi à ces sacrifices dont il suffit d'éveiller le souvenir par un seul nom pour donner la mesure de son héroïsme patriotique et de sa valeur militaire : elle combattait à Bazeilles !

Il y a peu de temps enfin, nous avons vu, à Tidjika, une poignée de marsouins disperser, sous les volées de leurs deux mitrailleuses, les attaques furieuses et acharnées de plusieurs milliers de Maures.

Eh bien ! pour ces régiments-là, pas plus que pour nos gendarmes de France, la mère Patrie n'est généreuse ni même juste. Elle leur mesure à eux aussi les médailles. On dirait qu'elle n'en possède pas assez pour leur en décerner autant qu'ils le méritent ! Nos fabriques de Saint-Etienne et de Lyon produisent pourtant chaque année des millions de kilomètres de ruban, et il semble que les balanciers de notre Hôtel des Monnaies pourraient augmenter leur frappe ; mais nul ne songe à donner l'ordre nécessaire, et nous avons ce spectacle étrange et lamentable de soldats qui font bravement leur devoir, qui risquent leur vie, qui souffrent, qui reviennent enfin au pays, anémiés, épuisés, incapables souvent d'exercer le dur métier qu'ils voudraient reprendre en quittant le drapeau, — et d'une France qui leur dit : « Mon contingent de médailles est épuisé ; attendez une des années qui viennent, j'essaierai de penser à vous !... »

Dans l'armée active, je l'ai dit plus haut, la médaille militaire est obtenue au bout de vingt-deux annuités; au bout de vingt-sept ou vingt-huit dans la gendarmerie: il en faut vingt-neuf dans l'armée coloniale !

* *
*

Cette situation, à mon avis, n'est pas seulement douloureuse pour les vieux serviteurs qui achèvent sous l'uniforme de gendarme une existence de dévouement et de travail, ni pour les jeunes soldats qui, sous l'épaulette jaune, propagent au loin le nom et l'honneur de la France: elle est aussi pénible et humiliante pour nous, qui voyons oublier tant de braves gens.

Il est vraiment cruel de penser que si, au 1ᵉʳ janvier ou au 14 juillet, beaucoup d'humbles tuniques de fantassins ou de dolmans de cavaliers ou d'artilleurs, dans les troupes métropolitaines, doivent recevoir cette floraison enviée, le jour de l'an ou la fête nationale n'apportera pas la même proportion de récompenses aux hommes de ce corps d'élite qui est dans toute la France comme le prolongement de notre Garde républicaine, ni à cette armée coloniale qui est, dans le monde entier, comme le prolongement de la puissance française.

Aussi ai-je résolu de demander au Parlement

d'augmenter de trois cents le nombre des médailles militaires à décerner chaque année : cent cinquante iront à la gendarmerie et cent cinquante à l'armée coloniale.

Et en faisant cela, je crois que nous paierons simplement nos dettes [1].

[1]. J'ai déposé à la Chambre, au mois de juin dernier, la proposition de loi suivante, que la Commission de l'armée a faite sienne avec empressement et qui aura bientôt, je l'espère, l'adhésion du Parlement tout entier :

PROPOSITION DE LOI

ARTICLE UNIQUE

Il est mis annuellement à la disposition du département de la Guerre, en sus du contingent qui lui est normalement attribué sur les extinctions :

150 médailles militaires destinées à la gendarmerie et 150 médailles destinées au personnel militaire des troupes coloniales.

Les extinctions provenant de cette allocation supplémentaire seront attribuées par prélèvement et avant toute répartition au département de la Guerre et viendront en déduction, chaque année, des 300 médailles nouvelles attribuées à la gendarmerie et aux troupes coloniales.

Lorsque les extinctions provenant de ces médailles supplémentaires atteindront le chiffre de 150 par an, pour chaque catégorie, il ne sera plus fait aucune allocation nouvelle, mais la gendarmerie et les troupes coloniales continueront à profiter seules de ces extinctions.

QUATRIÈME PARTIE
L'Armée coloniale.

I

LES INCOHÉRENCES DE L'ORGANISATION ACTUELLE

La meilleure manière de servir la cause de l'armée et d'aider utilement à la défense nationale, c'est de ne jamais perdre de vue, quand on s'occupe des questions militaires, les intérêts économiques des contribuables ; c'est de ménager leurs deniers avec un soin jaloux et de se garder du gaspillage. Il est trop évident, en effet, que le pays se lasserait bien vite de dépenses démesurées, hors de proportion avec l'objet qu'il se propose. L'argent que la France donne pour ses soldats constitue comme un trésor sacré, sur lequel on ne doit rien prélever qui ne serve réellement à garantir notre indépendance et notre sécurité.

Si c'est là un principe incontestable, et que nous avons tous gravé au fond du cœur, je me demande ce que l'on doit penser de la manière dont est, maintenant, organisée notre armée coloniale.

Comme exemple d'incohérence et de prodigalité, je ne connais rien d'aussi bouffon... ou d'aussi navrant. Qu'on en juge !

C'est le 7 juillet 1900 qu'a été promulguée la loi qui formait cette armée, en lui donnant comme éléments principaux nos anciennes infanterie et artillerie de marine. A cette date, nos guerres lointaines étaient achevées ; nos entreprises du Tonkin, de Madagascar et du Dahomey avaient été menées à bonne fin. Plus d'expéditions à organiser ! Plus de batailles lointaines à livrer ! Il semblait donc que, loin d'augmenter désormais les effectifs, et par conséquent les dépenses, nous dussions diminuer les uns et alléger les autres, au grand profit du pays, que grèvent tant de lourdes charges.

Voyons, cependant, ce qui s'est passé.

Oh ! la diminution d'effectifs existe bien, en ce qui concerne la troupe — si habilement qu'elle soit masquée par les procédés administratifs les plus ingénieux ; — mais, tout le savoir et tout l'esprit d'ordre du général Famin, alors directeur des troupes coloniales au ministère de la Guerre, tout son dévouement éclairé à la chose publique et toute sa compétence spéciale n'ont pu empêcher que, par une lente infiltration, le nombre des officiers ait simultanément augmenté dans des proportions invraisemblables.

Pour les officiers subalternes, c'est une crue notable que l'on a enregistrée ; pour les officiers supérieurs, c'est une véritable inondation ; pour les officiers généraux, c'est un déluge !

Vous croyez que j'exagère ?.. Consultez ce double tableau :

INFANTERIE COLONIALE

Années	Divis^{res}	Brig.	Colon.	L.-col.	Comm^{ts}
1890	3	5	15	27	101
1898	3	7	24	38	134
1899	4	9	28	41	143
1900	5	11	32	46	177
1901	7	13	34	50	186
1906	9	17	38	54	220

ARTILLERIE COLONIALE

Années	Divis^{res}	Brig.	Colon.	L.-col.	Comm^{ts}
1890	1	3	13	13	35
1898	1	5	13	17	47
1899	1	6	14	20	49
1900	1	6	17	19	58
1901	2	6	17	21	63
1906	2	6	18	26	85

Donc, toujours autant de fantassins, et même un peu moins qu'auparavant, mais trois fois plus de généraux de division, trois fois plus de généraux de brigade, une fois et demie plus de colonels et de lieutenants-colonels et deux cent vingt pour cent de commandants !

Toujours autant d'artilleurs, mais tous les officiers en nombre double !

Comment a-t-on pu arriver à ce résultat extraordinaire et, naturellement, désastreux pour nos finances ? Par un procédé d'une simplicité enfantine :

Nous avions quatre régiments d'infanterie et un d'artillerie. On a décidé, *sur le papier*, que désormais nous en aurions huit d'infanterie et deux d'artillerie ; puis, *toujours sur le papier*, on a compté que nous en aurions douze d'infanterie et trois d'artillerie, et que cela composerait, *plus que jamais sur le papier*, le « corps d'armée colonial ».

Mais, ce qui n'est pas sur le papier, hélas ! ce qui existe bel et bien, c'est l'état-major qu'il faut à ce corps d'armée imaginaire, à ce corps d'armée qui n'est pas mobilisable, qui est un mythe, une légende, un rêve ! Et voilà pourquoi l'effectif déjà trop considérable des officiers de l'arme s'est augmenté tout d'un coup d'un général en chef, trois généraux de division, sept de brigade, avec le luxe d'officiers d'ordonnance, d'état-major, de secrétaires et de plantons, qui est malheureusement traditionnel chez nous. Et comme à peu près tout ce monde, qui ne sert à rien, vit à Paris, je vous laisse à penser quelles indemnités !...

Ce corps d'armée fantôme n'a même pas d'artillerie. N'exagérons rien, cependant : il peut mobiliser huit batteries montées, soit trente-deux pièces, et pour les diriger, il compte huit généraux, dix-huit colonels, vingt-six lieutenants-colonels, quatre-vingt-cinq chefs d'escadron, etc. Je renonce à dénombrer les capitaines et les lieutenants.

C'est-à-dire que l'on pourrait licencier les simples artilleurs. Les officiers suffiraient largement pour servir toutes les pièces.

N'est-ce pas dérisoire ?

Si, maintenant, de l'organisation générale nous descendons aux détails locaux, nous n'avons que le choix des exemples bizarres.

A Rochefort, il y a un an, l'infanterie coloniale comptait 700 hommes présents, c'est-à-dire l'effectif d'un bon bataillon, comportant un commandant, cinq capitaines et une dizaine de lieutenants. Mais comme — sur le papier — ces 700 hommes formaient une brigade, ils étaient commandés en 1906 (voyez l'*Annuaire*) par un général de brigade, deux colonels, quatre lieutenants-colonels, dix-sept chefs de bataillon, soixante-huit capitaines et cent trente-six lieutenants, soit, au total, 228 officiers pour 709 soldats !

Sommes-nous en France ou dans le grand-duché de Gérolstein ?

Cette méthode de grossissement ne s'applique

pas seulement aux garnisons continentales ; elle fleurit aussi dans notre Indo-Chine. Pendant long-temps, aux heures qui furent difficiles, un général de division et deux de brigade y suffisaient. Mais, depuis que la conquête est finie et la paix faite, on a inventé le « corps d'armée d'Indo-Chine »... Ci : un général en chef, deux généraux de division, cinq généraux de brigade, etc., etc.

*
* *

Et, puisque nous sommes en Indo-Chine, j'ouvre ici une parenthèse, pour donner un exemple véritablement topique de l'inutilité, au point de vue militaire, du prétendu corps d'armée colonial, qui nous vaut de si copieux états-majors et un cadre d'officiers aussi redondant[1].

Au début de la guerre russo-japonaise, on sait que le gouvernement français jugea un moment nécessaire de renforcer nos garnisons du Tonkin, de l'Annam et de Saïgon. Il fut donc prescrit aux chefs de corps de l'arme de rechercher, dans leurs effectifs, les éléments d'un corps composite, formé avec des unités empruntées aux différents

---

[1] Depuis que ces lignes ont été écrites, le Parlement, sur mon rapport, a notablement réduit les frais de notre occupation militaire aux Colonies, économisant de ce chef plus de dix millions sur le budget.

régiments, pour l'expédier au plus vite en Extrê-
me-Orient.

Savez-vous comment, à cette demande, répondit un colonel commandant un régiment d'infanterie coloniale ? Je crois nécessaire de donner ici
le texte même de la dépêche qui parvint au
ministère de la Guerre, car on croirait que j'exagère. Le colonel répondit :

« J'ai l'honneur de vous rendre compte que,
dans mon régiment, je n'ai qu'un homme disponible pour le service colonial.

Signé : Colonel X... »

Un homme disponible pour faire campagne !
Un homme de troupe, cela va sans dire, car, des
officiers, il devait y en avoir 140 ! On rit beaucoup,
au cabinet du ministre, de cette extraordinaire
pénurie de soldats ! Cela était fort comique, en
effet ; mais, peut-être, le contribuable français
trouvera-t-il que c'est en même temps fort humiliant et même un peu douloureux.

Il pouvait croire que ses sacrifices de toutes
sortes étaient mieux récompensés.

*
* *

De temps en temps, il faut le reconnaître, l'administration de la guerre semble concevoir quelques remords en considérant des formations mili-

taires aussi biscornues, où l'on compte parfois un officier pour trois hommes. Alors, pour tant de généraux, on cherche à se procurer un peu plus de soldats. Dare-dare on se hâte d'incorporer dans l'armée coloniale quelques recrues du contingent qui, légalement, ne peuvent aller aux colonies, et qui n'y vont pas, en effet. Ou bien, à Hanoï, on met en subsistance, dans l'infanterie de marine, des légionnaires qu'on habille en marsouins...

L'armée coloniale de la République a ses passe-volants !

Mais enfin, y a-t-il du moins une cause initiale, une excuse, un prétexte à de tels abus? Oui. Pour en agir ainsi, l'administration donne une raison qui serait profondément respectable et sérieuse... si elle était appliquée avec un peu plus de modération.

« Il faut, dit-elle, que tous ceux qui appartiennent à notre armée coloniale aient en France, entre deux longs séjours sous des climats débilitants et dangereux, un temps de repos suffisant pour rétablir leur santé. »

J'irai plus loin encore, pour ma part : outre leur santé physique, il convient que leur santé intellectuelle aussi puisse trouver le temps de rétablir son équilibre, dans un milieu où la préparation à la guerre soit réelle et intensive.

Mais il n'est pas besoin, pour assurer ce roulement salutaire, de conserver un jour de plus une organisation ridicule, où le repos des officiers est si largement assuré... que les trois quarts d'entre eux ne se fatiguent jamais et où l'argent de la défense nationale est follement gaspillé.

La vérité est qu'il y a là des organismes sans aucune existence réelle, des rouages sans utilité, des services coûteux et sans aucun rendement. Sur cent prétendus emplois d'officiers, il y a quatre-vingts sinécures. C'est une économie que nous pouvons faire, et que le Parlement, j'y compte, ordonnera bientôt.

Il s'y est engagé, d'ailleurs, car en organisant l'armée coloniale, il y a sept ans, on s'était proposé de voter à bref délai une loi spéciale des cadres, afin de fixer le nombre des officiers de chaque grade.

Elle n'a jamais été faite.

En attendant, le général Picquart vient d'entrer spontanément dans cette voie. Il a réduit de 75 à 25 le nombre des sous-officiers coloniaux qui, cette année, entreront à Saint-Maixent. Louable initiative dont il convient de féliciter le ministre et à laquelle, pour ma part, j'applaudirais d'un meilleur cœur encore, si l'on avait pris une telle décision avant les examens, au lieu de la prendre après.

Il n'en reste pas moins qu'il faut s'attendre dans peu d'années à un ralentissement notable de l'avancement, dans nos régiments de marsouins, et ce sera une déception pour de braves officiers qui avaient pris cette carrière pour gagner promptement leurs galons. Ils seront, comme tant de leurs camarades de l'armée continentale, victimes de notre mauvaise organisation militaire.

II

LES AVIS DES OFFICIERS

Les observations qui précèdent m'ont valu
quand je les ai présentées dans la presse ou à la
tribune, des centaines de lettres, où des correspondants connus ou inconnus m'adressaient leurs
réflexions et leurs encouragements. Les uns, qui,
peut-être, n'avaient pas encore eu sous les yeux
les chiffres et les faits que j'ai cités, s'en sont
montrés surpris et inquiets ; pour les autres, qui,
appartenant au monde militaire, ont dès longtemps envisagé la nécessité d'une réforme que le
bon sens indique, c'est une occasion toute naturelle
d'exprimer leurs idées et d'indiquer les solutions
nécessaires. C'est à ce dernier lot que j'emprunte
la réponse qu'on va lire. Elle résume admirablement, à mon avis, tout ce qui peut et doit être
dit sur cette question. Elle signale la faute initiale
que l'on a commise et rend hommage, comme il
convient, aux efforts des hommes de bonne volonté
qui font de leur mieux pour tirer parti d'une
combinaison défectueuse. Elle conclut enfin de la

manière la plus simple et la plus claire à une série de mesures qui auraient l'avantage, à la fois, d'alléger nos charges et de conformer notre régime militaire, dans les colonies comme dans la métropole, aux principes équitables et féconds qui doivent caractériser le système défensif d'une démocratie moderne.

Voici cette lettre :

Monsieur le député,

Vous avez énoncé beaucoup de justes critiques sur l'organisation de l'armée coloniale, en même temps que des éloges très mérités à l'adresse du brillant général qui la représentait et la dirigeait au ministère de la Guerre. Il n'y a pas, soyez-en sûr, un seul officier de « marsouins » ou de « bigors » qui ne pense comme vous sur ce point, et s'ils avaient un reproche à vous faire, eux qui paraissent en somme les plus intéressés dans la question, ce serait, non pas d'avoir trop parlé, mais de n'avoir pas tout dit.

J'ai, personnellement, entendu un de nos grands chefs, homme d'un esprit ouvert et vigoureux, reconnaître hautement que l'on est parti d'un principe faux, en voulant avoir, pour ainsi dire, deux armées : l'armée métropolitaine et l'armée coloniale, et qu'il en résulterait fatalement, quoi que l'on fît, une déperdition de forces et des dépenses inutiles. « La seule solution rationnelle, ajoutait-il, serait la fusion : mais on ne voudra jamais la faire, je le crains, en raison des intérêts particuliers qui sont en cause. »

Vous voyez, monsieur le député, que ce brillant général, qui justement appartient à l'armée coloniale et dont les intérêts, par conséquent, « sont en cause », n'hésitait pas à dire la même chose que vous.

Eh bien ! vous penserez certainement comme moi, comme tous les officiers coloniaux qui se donnent la peine de réfléchir et de compter, que rien ne doit entraver une réforme jugée raisonnable et utile, quand, seuls, des intérêts particuliers semblent s'y opposer.

Il faut tout dire, et vous ne trouverez certainement pas mauvais que j'éclaire un point de la question, laissé par vous dans l'ombre : s'il y a, en France, tant de nos camarades, qui sont fictivement affectés au commandement d'unités-squelettes, c'est qu'il existe dans nos colonies des troupes indigènes, bien plus nombreuses que les troupes européennes, et que ces officiers en surnombre les encadraient, avant de revenir au pays pour s'y reposer. Ils ne demanderaient pas mieux que de retrouver ici, pour travailler avec elles, des compagnies ou des batteries aussi nombreuses que celles où ils commandaient, soit en Asie, soit en Afrique ; mais pour avoir sous leurs ordres, en France, des effectifs correspondants à leur grade, il faudrait qu'ils appartiennent à l'armée continentale !...

On s'est mal embarqué, passez-moi l'expression, quand, le 7 juillet 1900, on a tout simplement enlevé les troupes coloniales à la marine pour les rattacher à la guerre. On s'est figuré qu'on avait fait quelque chose. — Oui ! on avait substitué le nom d'un ministre à celui d'un autre, au bas des papiers officiels ; on avait supprimé une direction de la rue Royale pour en créer une plus importante et plus coûteuse (sans aucune raison plausible, d'ailleurs) rue Saint-Dominique ; on avait compliqué les rapports de service, aux colonies, entre marins et soldats. Un point, c'est tout.

Pourquoi une armée coloniale dans l'armée métropolitaine ? Est-ce que nous avons une flotte coloniale dans la flotte nationale ? Est-ce que ce ne sont pas les mêmes marins, sur les mêmes navires, qui naviguent dans la Méditerranée, dans l'Atlantique et dans la Manche, ou dans le Pacifique, dans la mer de Chine et dans l'Océan Indien ? Quelle bonne raison y a-t-il pour que ce ne soient pas les mêmes soldats aussi qui défendent simultanément la France et ses colonies ?

On aura beau chercher : il n'y a pas d'autre solution possible aux difficultés que tout le monde constate, ni d'autre remède au gaspillage, que la fusion pure et simple de nos deux armées.

Elle était rationnelle en 1900 ; elle est indispensable et urgente aujourd'hui, si nous voulons sortir de l'incohérence.

Qu'on ne vienne pas dire qu'il est besoin d'une éducation spéciale pour dresser les hommes de troupe destinés aux colonies, puisque les soldats des régiments coloniaux stationnés en France sont pour la plupart dispensés de service outre-mer et puisque ceux qui partent sont, ou des volontaires, ou des engagés récemment incorporés !

Après la fusion, le tour de service colonial portant sur toute l'armée française, il serait aisé de trouver, parmi les rengagés seuls, les effectifs nécessaires pour nos lointaines garnisons.

Tout le monde est d'ailleurs aujourd'hui d'accord, je pense — et je sais en tout cas que ce sont là vos idées — pour estimer que nous devons réduire notablement ces garnisons coloniales. En défendant vigoureusement deux ou trois points bien choisis dans chaque région avec des troupes européennes, on affirmerait, de façon bien suffisante, la puissance de la France et l'on pourrait, partout ailleurs, employer des milices indigènes organisées solidement, à l'exemple de notre gendarmerie nationale.

Notre diplomatie, pourvu qu'elle soit un peu clairvoyante, et notre marine, pourvu qu'elle demeure confiée à des mains énergiques : voilà tout ce qu'il faut pour défendre nos possessions contre des attaques venant de l'extérieur.

Et quant à leur sécurité intérieure, on y pourvoira en associant partout les indigènes à nos travaux, en les attachant à notre cause, — comme nous savons très bien le faire quand nous voulons — par des liens d'affection et de reconnaissance. Pour cela, il suffit de nous appliquer à développer leur bien-être et à mettre en valeur toutes les richesses naturelles qu'ils possèdent sans le savoir.

D'autre part, le roulement du service colonial, portant sur toute l'armée française, nous n'aurions plus tant d'officiers usés avant l'âge par les fatigues des climats tropicaux, tandis que leurs camarades continentaux, piétinant sur place, envient l'avancement rapide qu'ils doivent au privilège des maladies exotiques. Tous les officiers, soumis au même régime, pourraient jouir des mêmes faveurs, au prix des mêmes périls.

Et que d'économies à réaliser, alors, par la suppression de comités et d'états-majors existant en double et parfois aussi inutiles les uns que les autres.

C'est bien là ce que vous désirez, n'est-ce pas, monsieur le député ? Eh bien! c'est ce que nous désirons aussi ! Mes camarades et moi, nous vous remercions d'avoir attaché, comme on dit, le grelot, et nous attendons, comme vous, d'un prompt avenir, la solution nécessaire : la proposition de loi ordonnant la fusion des troupes coloniales avec les troupes métropolitaines.

Recevez, etc...

Mon correspondant a parfaitement exprimé notre commun désir.

III

NOS SOLDATS DIFFAMÉS

Il y a des gens, paraît-il, que cela amuse énormément, d'injurier et de flétrir en bloc toute une large fraction de l'armée nationale. Chaque incident leur est bon pour procéder à des généralisations sensationnelles et pour jeter le discrédit sur des milliers et des milliers de braves gens, obscurément dévoués à l'accomplissement du devoir le plus rude.

En ce moment, c'est contre les troupes coloniales que s'exerce avec une obstination scandaleuse cette fureur de dénigrement. Il n'est question que *d'apaches coloniaux* ; on inscrit ce titre en « manchette » sur les journaux. Chaque fois qu'un matelot en bordée se livre à quelque violence, qu'un civil, libéré d'une prison récente, attaque un passant, ou qu'une bagarre éclate à l'improviste en un de nos grands ports de guerre, entre soldats de différentes armes ; chaque fois qu'un fait-divers banal a besoin d'être corsé par l'évocation d'une « bande », les nouvellistes tendancieux accusent tout haut nos marsouins des méfaits les plus épouvantables.

C'est un jeu misérable que de s'en prendre ainsi à des troupes glorieuses entre toutes et qui ont à leur actif quelques-unes des plus belles actions de guerre du dernier demi-siècle. Mais qu'importe aux calomniateurs ! Ils ont produit l'effet sur lequel ils comptaient : ils ont terrorisé le public, inquiété les patriotes, et, en même temps, ils ont apporté un précieux concours, par une voie indirecte et subtile, à ces antimilitaristes que, tout haut et officiellement, ils affectent de réprouver et de haïr.

Nos soldats coloniaux ? Pour en dire tant de mal, ne se souvient-on pas de ce qu'ils ont fait de bien ?

Leurs détracteurs ignorent sans doute que pour une dépêche que l'on reçoit au ministère, signalant une faute commise contre la discipline, on en reçoit plus de cinq cents qui annoncent la mort douloureuse d'un marsouin victime de ses séjours sous des climats meurtriers ?

Etaient-ils composés de « fripouillards », ces deux régiments de la brigade coloniale casernés à Paris et qui viennent de se faire remarquer aux dernières manœuvres, par leur entrain, leur vigueur et leur esprit de discipline ? Les habitants de la région de Fontainebleau, chez qui on les a fait cantonner, vivaient, en attendant leur venue, dans une réelle appréhension, à la suite de tout ce que l'on avait dit et imprimé sur les fameux apaches coloniaux. Ils ont été à la fois agréablement surpris de recevoir des garnisaires d'une conduite irréprochable et fortement irrités contre les journaux sans scrupules qui avaient allumé tous les pétards de la publicité pour souiller le drapeau de Bazeilles.

Il est très vrai, parbleu ! qu'il y a quelques mauvais drôles dans ce corps admirable. Cela tient à ce que, pendant un temps, on n'avait plus pour le recruter la ressource des hommes du contingent et que l'on n'avait pas encore de rengagés. Il se composait donc presque exclusivement d'engagés volontaires, de dix-huit à vingt ans, uniquement attirés par l'espoir de toucher la prime.

Et, jusqu'à l'année dernière encore, il faut convenir que les autorités militaires avaient conservé la mauvaise habitude d'affecter les pires sujets à ces troupes destinées aux garnisons lointaines, comme si, au contraire, il n'était pas de l'intérêt évident du pays de n'envoyer, pour représenter au delà des mers sa force et sa loyauté, que des hommes irréprochables et purs de toute condamnation.

Cela va cesser, heureusement, et je suis heureux d'annoncer ici que l'affectation aux troupes coloniales des hommes ayant un casier judiciaire va être absolument prohibée, de même que cette belle arme va être immédiatement débarrassée, sur ma demande, des 221 condamnés de droit commun que les bureaux du ministère lui avaient octroyés en 1906. Les intelligents et patriotiques efforts de la direction de l'armée coloniale au ministère auront largement contribué à arriver à ce résultat, et de plus, grâce à sa persévérance, pour obtenir des rengagements et des engagements à long terme, l'armée coloniale peut, dès maintenant, se passer du contingent de l'armée métropolitaine.

Mais, cela dit, ne sommes-nous pas autorisés à protester avec indignation contre les allégations injurieuses d'une certaine presse, quand nous pouvons constater qu'il y a, auprès de ces 221 brebis galeuses, 26 000 marsouins rengagés qui tous sont de bons sujets, puisque l'on a permis qu'ils reprissent du service, et 10 000 nouveaux engagés sur lesquels il n'y a rien à dire ? Est-ce une œuvre de bonne foi, — si cela était, j'y applaudirais, car j'estime, et je l'ai dit souvent, que la vérité est toujours patriotique, — que de confondre cet effectif considérable de braves et honnêtes soldats avec l'infime minorité de mauvais sujets dont ils subissent le voisinage. Est-ce une besogne patriotique, vraiment, que l'on accomplit en confondant à plaisir ceci avec cela ?

Il est faux, d'ailleurs, de prétendre que ces

soldats tarés une fois incorporés, sont envoyés de préférence aux colonies. Les soldats coloniaux, contrairement à ce que l'on affirme, ont un tour de départ, tout comme leurs officiers et leurs sous-officiers. Ce tour de départ est toujours régulièrement observé et l'on n'envoie pas aux colonies la « racaille », mais la moyenne des hommes.

De plus, l'autorité militaire coloniale est armée par un décret d'août 1905, qui donne au général de division la faculté de résilier d'office les engagements ou rengagements au cas où les militaires se montreraient animés, sans espoir d'amendement, d'un mauvais esprit.

Rien n'est frappant, au surplus, comme le résultat d'une enquête impartiale et précise, quand on veut bien se donner la peine de l'entreprendre sur un pareil sujet.

Je viens de visiter, en ma qualité de rapporteur du budget de l'armée coloniale, certains de nos grands ports de guerre. J'ai passé à Brest plusieurs journées, mais entre autres une journée du dimanche, où je pouvais, grâce aux fêtes d'usage, surprendre le mieux dans le débridement hebdomadaire les actes d'indiscipline des mauvais soldats. Pendant toute la soirée, et jusqu'à une heure avancée de la nuit, je n'ai rencontré qu'un fantassin colonial en état d'ivresse. Il était dans une tenue parfaitement incorrecte, sa tunique sur le bras, et faisait quelque bruit.

J'ai interpellé un sous-officier qui passait ; je lui ai fait connaître ma qualité en lui demandant de me faire savoir le lendemain matin, avec la permission de ses chefs, quel était ce soldat, et dans quelles conditions il était entré au corps.

Le brave sergent regarda un moment l'ivrogne, en le prenant par le bras ; puis il me dit :

— Oh ! monsieur le député, pas étonnant : c'est un des 221...

Ainsi donc, bien loin de se laisser gagner, comme le prétendent certaines gens, par la gangrène de l'indiscipline, de l'ivrognerie et du vol, nos braves marsouins font eux-mêmes et tout seuls leur propre sélection. Ils savent par quel voisinage ils se trouvent compromis, et ils se contentent de marcher droit pour leur compte, d'être honnêtes et de servir loyalement leur pays.

Et ils sont 36 000 à qui l'on n'a le droit de rien reprocher !

Autre chose :

Les mêmes journaux ont rapporté un prétendu incident qui se serait produit à Perpignan, et dont les tristes héros seraient encore des apaches coloniaux. *Ce fait est absolument controuvé.* Il s'agit, en réalité, d'une très menue affaire de répression, grossie pour les besoins de la cause. Les coloniaux de Perpignan se sont, au contraire, fort bien conduits et n'ont pas « levé la crosse en l'air ». Si les journaux qui se sont amusés à faire

tant de bruit avec cette mutinerie imaginaire
veulent bien s'en rapporter à M. le ministre de
la Guerre, je puis leur annoncer que le général
Picquart a maintenant sous les yeux des rapports
qui réduisent à néant toutes leurs informations.

Mais voici l'incident Coronnat, qu'on nous sor-
tait récemment encore comme un épouvantail.
Vous savez en quoi il consiste ? Le général commandant la brigade coloniale du Tonkin avait
prescrit de changer la tenue des hommes punis
de prison, afin de les prendre par l'amour-propre
et de les réduire ainsi à l'obéissance ; mais, huit
jours plus tard, disait-on, tout le régiment avait
la même tenue, car tous les hommes avaient
mérité d'être punis !

*Ce récit fondé sur un fait exact est absolument
faux.*

Ce qui est exact, c'est que le général Coronnat
avait, en effet, prescrit un costume spécial pour
les hommes ayant mérité d'être sévèrement frappés. Entre autres détails, il leur était interdit de
porter l'épée-baïonnette. Le résultat de cette petite
mesure disciplinaire, dont on ne peut contester
ni la tendance paternelle, ni la portée militaire,
bien loin d'être ridicule, fut excellent. Les
hommes signalés de la sorte à l'attention publique
se virent l'objet des quolibets de leurs camarades
et, pour y échapper d'abord, par esprit de discipline ensuite, ils revinrent très vite à une meilleure

conduite. La moyenne des troupiers subissant le châtiment de la tenue spéciale fut bientôt infime, et elle se réduisit ensuite à néant.

Je me demande à quel sentiment de patriotisme véritablement exceptionnel obéissent les journaux qui ont ainsi *arrangé* pour les besoins de l'information, en 1907, un fait d'ailleurs très simple et plutôt favorable à l'armée coloniale, qui s'est passé en 1902.

Je me demande surtout quel but ils poursuivent en dénigrant de la sorte une masse énorme de braves et courageux soldats, en leur imputant, à tous, les actes dont quelques-uns d'entre eux, à peine, se sont rendus coupables.

Cette campagne, où l'on s'acharne avec une inconscience effrayante et impardonnable, discrédite des sous-officiers qui font leur devoir, et elle tend à faire croire que nos officiers coloniaux n'ont ni le pouvoir ni l'énergie nécessaires pour assurer le maintien de l'ordre et de la discipline. Elle outrage enfin gratuitement la légion immense des humbles serviteurs du pays, de ces simples soldats qui mêlent encore un peu d'esprit d'aventure au prosaïque métier de la guerre, et qui ont choisi de servir au loin leur pays, afin de le servir plus activement et plus durement.

J'ai souvent montré, au Parlement et dans la presse, ici même, que je suis des premiers à m'élever contre tous les abus qui existent dans notre organisation militaire ; mais quand on ose prodiguer l'outrage à nos soldats, si vaillants et si bons, à nos officiers qu'on ne craint pas d'irriter et de décourager, en les comparant à des gardes-chiourme, comment le même souci que j'ai de la grandeur de notre pays ne me pousserait-il pas à protester de toutes mes forces ?

Au lieu de perdre leur temps à vilipender ainsi une armée qui coûte tant de millions à la France, et qui rembourse en dévouement tout l'argent qu'elle dépense, que les journaux diffamateurs se joignent donc à nous pour demander, pour exiger enfin que nos marsouins ne soient plus logés pêle-mêle, à Brest, dans les bâtiments pourris du vieux bagne, où les sous-officiers sont entassés par douzaines dans les mêmes taudis, où les hommes couchent par 90 dans les mêmes sentines et où la sensibilité de nos Commissions sanitaires interdirait certainement de mettre des forçats !

Une telle campagne, au moins, se comprendra, car elle sera entreprise pour le bien de braves enfants de la France ; tandis que celle qui est ouverte contre les prétendus « apaches coloniaux » est fondée sur le mensonge et ne tend à rien moins qu'à l'abaissement de la patrie.

CINQUIÈME PARTIE

Notre Armement.

—

I

L'AUGMENTATION DE L'ARTILLERIE

L'héritage le plus lourd de la défaite est, pour une nation, l'admiration craintive qu'elle conçoit du vainqueur.

Voilà trente-six ans que nous avons contracté, au point de vue militaire, la funeste habitude de nous traîner dans l'imitation servile de l'Allemagne, et quand, par hasard, nous avons pris l'avance sur elle, grâce à un perfectionnement qui nous appartient en propre et qu'elle nous envie, cela ne nous empêche pas de vouloir copier encore les erreurs qu'elle commet pour essayer de nous rejoindre et de nous dépasser.

Dès que les Allemands, mis en possession, dix ans après nous, d'un nouveau matériel d'artillerie que nous nous sommes plu à supposer comparable au nôtre, ont décidé de conserver 144 pièces par corps d'armée (24 batteries à 6 pièces), une inquiétude s'est répandue en France, parce que notre corps d'armée n'en comptait que 92 (23 batteries à 4 pièces).

— Vite ! s'est-on écrié. Il nous faut autant de canons qu'aux Allemands, ou nous sommes perdus !

Cela prouve tout simplement que nous ne nous sommes pas rendu compte de la véritable supériorité qui nous appartient, ni des conditions nécessaires pour qu'elle produise son plein effet.

Sur cette supériorité, d'abord, le moindre doute peut-il subsister ? Non. L'unanimité des arbitres militaires, des constructeurs, des officiers appelés à juger les différentes armes en service chez toutes les nations s'est prononcée de la manière la plus explicite et la plus décisive.

Les Anglais comme les Américains, les Italiens, les Japonais, les Autrichiens et les Russes comme les Prussiens eux-mêmes — tout le monde est de cet avis. Il y a, sur ce point, consentement universel, ce qui est rare en matière militaire comme en toutes les autres.

Cela étant, cherchons donc si, réellement, il faut augmenter le nombre des pièces dans notre corps d'armée, ou s'il n'y a pas autre chose — s'il n'y a pas mieux —, à faire ?

Quel est le but de l'artillerie au combat ? Faire tomber efficacement sur une troupe ennemie un

nombre maximum de projectiles en un temps minimum.

Tout se résume dans cet objectif déterminé.
Quant au nombre de pièces qui tirent, quant à la
méthode employée, c'est ce dont l'adversaire s'occupe fort peu. Il sent les coups qui portent et
non ceux qui partent.

Or, avant la mise en service de l'artillerie à tir
rapide, chaque pièce était utilisée aussi vite que
l'on pouvait et, par conséquent, l'action sur l'ennemi était réellement proportionnelle au nombre
des bouches à feu mises en ligne. La supériorité
appartenait, sans conteste, à l'effectif de batteries
le plus considérable.

Mais, maintenant, il n'en va plus de même. Le
matériel est arrivé à une perfection telle qu'on est
extrêmement loin d'utiliser à plein toutes ses
facultés. Le rendement pratique du canon, au
combat n'approche pas de son rendement théorique. En d'autres termes, il ne tire pas autant de
coups qu'il pourrait.

Pourquoi?

Parce que la consommation des munitions est
telle que, pour user de toute la puissance de notre
pièce de 75, il faudrait en assurer le ravitaillement
sur la ligne de bataille dans des proportions considérables.

Au lieu de les augmenter, nous devons donc
songer à les alimenter.

C'est par batterie que l'on compte désormais, et non plus par pièce. Logiquement, au fur et à mesure que le matériel se perfectionnera, la batterie comportera *de moins en moins de pièces et de plus en plus de munitions.*

De moins en moins de pièces, parce que le maniement en devient à la fois de plus en plus délicat et de plus en plus puissant.

De plus en plus de munitions, pour satisfaire à l'appétit croissant de chaque unité.

Déjà, avec le 75, une batterie de 4 pièces a le même rendement qu'une batterie de 6 pièces, mais est mieux approvisionnée. Pour 12 voitures, la batterie de 4 pièces a 8 caissons (2 par pièce), la batterie de 6 pièces a 6 caissons (1 par pièce).

Si l'on veut accroître encore la force de notre artillerie, ce n'est pas en multipliant, sans limites, le nombre de nos canons qu'on y parviendra ; c'est, qu'on me passe l'expression, en leur donnant plus encore à manger, car ils ont terriblement faim.

— A quoi bon augmenter le nombre de nos bouches à feu, a excellemment dit le général Langlois au Sénat, en janvier dernier, si nous n'avons pas de munitions à leur donner pour alimenter leur tir ? Ce serait monter une cave *en bouteilles vides.*

Il est évident que la Direction d'artillerie du ministère est médiocrement touchée par un tel argument. Fabriquer sans cesse du matériel, c'est sa fonction, sa passion, sa marotte, dût ce matériel ne servir à rien et s'entasser dans les arsenaux en attendant qu'un autre le remplace et le réduise à n'être plus que de la ferraille à vendre.

Elle ne répugne pas davantage à un accroissement des sections en service, car ce sera, pour elle, l'occasion de créer des emplois nouveaux et d'augmenter les frais que supporte le pays pour un apparent développement de sa puissance.

Mais les arguments apportés par un homme de l'autorité du général Langlois et appuyés par tous les experts militaires dignes de foi méritent néanmoins d'être pris en considération un peu plus que les traditions dépensières et désordonnées des « bureaux ».

C'est des munitions qu'il faut avant tout, pour répondre aux besoins d'une consommation formidable et nécessaire. L'honorable sénateur de Meurthe-et-Moselle réclame, lui, 3 000 coups par pièce. Que l'on s'en tienne à ce chiffre ou que l'on veuille le réduire un peu, il y a encore une autre question qui s'impose : Comment faire parvenir ces munitions en temps utile aux batteries ?

Là, je ne crains pas de le dire, nous ne sommes pas à la hauteur : 312 coups par pièce à la ligne de bataille, 190 par pièce au parc de corps d'armée, c'est insuffisant. Nos batteries peuvent et doivent tirer beaucoup plus que cela.

Avant tout, améliorons donc le ravitaillement des engins incomparables que nous possédons ! Ayons 5oo coups par pièce à la disposition même des colonels, 3oo autres coups par pièce en réserve immédiate dans le corps d'armée !

Cela se peut sans accroître les équipages : en poussant les munitions vers l'avant ; en constituant, dans le groupe même, une réserve de munitions sous les ordres d'un chef uniquement et entièrement responsable du ravitaillement, en faisant, en un mot, du régiment d'artillerie, dès le temps de paix, un organe de guerre, à l'intérieur duquel existeraient à la fois les groupes de batterie et les sections attelés de pourvoyeurs, nécessaires pour compléter sans cesse l'approvisionnement en ligne à 5oo coups par pièce.

Et quant aux 1 200 coups supplémentaires, à transporter du corps d'armée à chaque batterie, on devrait faire appel — le moment en est venu — au merveilleux essor de notre industrie automobile qui donnerait les équipages de charroi rapide.

L'Autriche n'a pas manqué d'associer, en grand, la traction mécanique au service de son armée, et voici que l'Allemagne, à son tour, y vient. Nous pouvons les suivre... puisque notre sort est d'utiliser toujours les derniers nos propres inventions !

En résumé, j'oppose, comme on le voit, à un programme coûteux, inutile et même dangereux d'augmentation du nombre de nos pièces d'artillerie, un plan beaucoup plus modeste qui consiste à développer le rendement de nos pièces existantes, lesquelles peuvent et doivent suffire largement pour répondre à toutes les éventualités.

On peut d'ailleurs, et j'y souscris d'avance, se procurer, à bref délai et sans dépense, trente batteries de plus : 1° en transformant dans chaque régiment de corps le groupe de deux batteries à cheval en un groupe de trois batteries montées ; 2° en créant dans chaque province d'Algérie et en Tunisie un nouveau groupe de trois batteries montées, par prélèvement sur les effectifs démesurément anormaux du train des équipages dans le 19ᵉ corps.

Nous aurons ainsi 24 batteries par corps d'armée — autant que les Allemands ! Mais les nôtres, qu'on le sache bien, *sont meilleures !*

Les règlements de la nouvelle artillerie de nos voisins de l'Est viennent d'être publiés : ils témoignent d'abord de faiblesses dans le matériel, mais aussi et surtout d'une grande infériorité dans les règles d'emploi. Le maintien de la batterie à 6 pièces était déjà une faute, au point de vue de la mise en valeur de l'engin ; le règlement paru la confirme et la rend définitive.

Et afin qu'on ne m'accuse pas de prendre, ici, mes désirs pour des réalités, j'ajouterai que je n'exprime pas seulement un avis personnel, mais

que c'est aussi l'opinion du spécialiste le plus
autorisé en Allemagne et de l'artilleur, à coup
sûr, le plus éminent de l'empire, le général
Rohne.

Que la France garde donc les canons qu'elle a,
qu'elle s'en contente, — et qu'elle leur prépare
seulement à manger !

II

L'AUTOMOBILISME AUX ARMÉES

Plusieurs journaux ont publié récemment, sous la signature d'hommes compétents de l'industrie automobile, un appel en faveur de « l'automobilisme aux armées ».

Les desiderata formulés étaient d'ordre général. Le point de vue militaire y était seulement effleuré. C'est cependant le plus important et je veux essayer de le préciser.

Si l'on fait abstraction des nombreuses voitures de tourisme existant dans le public et dont on pourra doter à la mobilisation les différents quartiers généraux pour le transport rapide des chefs dans les zones d'action, pour les reconnaissances à longue portée ou pour la transmission des ordres, on peut dire qu'en matière d'automobilisme militaire, il s'agit de rechercher moins la vitesse que la robustesse et la résistance pour porter ou traîner du matériel.

Les progrès réalisés permettent déjà de concevoir l'idée d'une artillerie automobile ; considérons pour aujourd'hui l'automobilisme comme une simple liaison entre la troupe et la voie ferrée pour l'exécution des différents services. Son rôle ainsi compris aura peut-être moins de panache, mais certainement plus d'utilité.

L'automobilisme pourrait assurer le ravitaillement en vivres. Il permettrait, non pas de supprimer les trains régimentaires, mais tout au moins de réduire leur mouvement journalier. Actuellement, chaque corps d'armée traîne à sa suite quatre jours de vivres, formant quatre convois administratifs, soit 250 voitures et 1 500 animaux. Grâce à l'automobile, ces convois pourraient être réduits à deux, chargés sur voitures constituant des en-cas mobiles sur routes. Le modèle de ces véhicules serait celui des automobiles de livraison en service dans les maisons de commerce. Il en faudrait 450 par chaque corps d'armée. Actuellement, aucune région ne pourrait les fournir, mais la situation changera, du jour où l'État allouera des primes aux industriels employant pour leurs transports des voitures pouvant supporter 1 500 kilos sous deux mètres cubes de volume, à une vitesse de 15 à 18 kilomètres à l'heure.

Au point de vue du ravitaillement en munitions, l'automobilisme rendra également des services considérables.

Le canon à tir rapide est un gros mangeur de

projectiles. Le poids d'une cartouche d'artillerie de campagne étant de 7 kg 500 et chaque pièce étant approvisionnée à 300 coups, c'est un poids de deux tonnes et demie environ à transporter par canon, soit 144 camions pour une artillerie à 144 pièces. En y ajoutant 40 camions pour munitions d'infanterie, nous arrivons au total de 180 camions susceptibles de véhiculer sur routes deux tonnes et demie de munitions par pièce ou par bataillon, à la vitesse de 12 à 15 kilomètres à l'heure.

Ces trains automobiles ravitailleraient les sections de munitions hippomobiles susceptibles de quitter les routes pour prendre le contact avec les échelons vides.

Des voitures semblables n'existent que dans une proportion très limitée dans l'industrie. Il faudrait donc que l'État, dès le temps de paix, inscrivît dans ses dépenses, une somme colossale, qui peut s'évaluer à 25 millions pour assurer le fonctionnement de ces engins.

Mais on pourrait résoudre cette difficulté en prévoyant, pendant quelques années, au budget de la guerre environ 2 millions qui seraient employés partie à l'achat de camions automobiles utilisés dès le temps de paix pour les besoins journaliers du service courant, partie à accorder des primes aussi bien aux constructeurs qu'aux industriels et commerçants qui achèteraient des véhicules propres à leur utilisation par l'armée à la mobilisation.

L'automobilisme résoudra, en outre, un problème jusqu'à aujourd'hui insoluble : celui du ravitaillement des ambulances et de l'évacuation des blessés. Ce n'est pas, comme on peut le voir, le moins intéressant.

Des automobiles maintenues en arrière des troupes pendant les périodes de marche et poussées vers elles dès le début de l'engagement, pourraient transporter le matériel ambulancier ainsi que le personnel médical. Ces voitures feraient ensuite la navette entre le champ de bataille et la voie ferrée, pour évacuer les blessés transportables.

Les véhicules à employer seraient d'abord les voitures dites de voyage, puis les omnibus, pour blessés assis, enfin et surtout les voitures vides des trains régimentaires et des convois administratifs, qui auraient ravitaillé les troupes et auraient été aménagées ensuite pour le transport des blessés.

Ces diverses catégories de voitures sont déjà très nombreuses et leur quantité tend à s'accroître. Elles seraient fournies par la réquisition. L'Etat aurait néanmoins à acquérir, dès le temps de paix, un certain nombre de voitures d'ambulance automobiles pour assurer dans nos grandes places, par exemple, le transport et l'évacuation

rapide sur les hôpitaux des malades des forts
lesquels sont actuellement si démunis sous ce
rapport. La dépense serait minime.

Divers services pourraient aussi, en cas de
guerre, être assurés par l'automobilisme : la
poste, l'intendance, etc.

Reste la question des conducteurs.

En principe, toute voiture requise le serait
avec son chauffeur. Il y aurait toutefois lieu de
prévoir la réunion, dans les principaux centres
de fabrication automobile, des réservistes qui,
par profession, seraient particulièrement désignés pour les fonctions de conducteurs. Les plus
aptes d'entre eux prendraient immédiatement
leur service pendant que les autres seraient instruits.

Voilà, rapidement exposé, le rôle que nous
sommes en droit d'attendre de l'automobilisme
aux armées.

La difficulté de là réalisation du problème ne
réside point dans l'effort matériel. C'est, comme
toujours, le côté financier qui constitue la pierre
d'achoppement.

L'augmentation et le renforcement de l'artillerie par les hommes et les nombreux chevaux
que l'adoption de la traction mécanique rendrait
disponibles compenseraient largement le sacrifice
pécuniaire nécessité par le ravitaillement en
munitions de cette même artillerie.

Du reste, cette somme de 2 millions environ que l'on dépenserait, pendant quelques années, nous pourrions la trouver très facilement en économisant un peu sur certains chapitres du budget de la guerre.

III

LA QUESTION DU FUSIL

Vingt et un ans après la mise en service du
fusil modèle 1886, encore actuellement en usage
dans l'infanterie en France, il est intéressant
d'examiner si cet armement est demeuré à la hauteur des progrès réalisés à l'étranger, s'il n'a
rien perdu de sa valeur et s'il n'a pas été dépassé
par des armes de fabrication plus récente. Le
fusil modèle 1886, en effet, a atteint une durée
de mise en service bien supérieure à celle de
l'armement portatif employé à l'étranger et même
à l'armement portatif français adopté avant 1886.
L'armement modèle 66 a duré huit ans, le fusil
modèle 74 douze ans à peine, le fusil allemand
modèle 1888 a été remplacé en 1898...

On peut se demander comment le fusil modèle
1886 a pu fournir une aussi longue carrière ?

Au moment de son apparition, ce fusil ne constituait pas une amélioration des armes alors en
service. Il représentait un type *entièrement nou-*

veau; il ne procédait d'aucun autre modèle. Sa fermeture à tenon était tout à fait originale ; elle résolvait le problème déjà longtemps cherché de tirer un projectile à grande vitesse, possédant par suite une puissance considérable. Cette fermeture à tenon fit tellement fortune qu'elle fut immédiatement copiée par toutes les puissances étrangères, et tous les fusils de cette époque (il s'en produisit une véritable éclosion) ne furent que des reproductions plus ou moins rapprochées de notre fusil.

Celui-ci, malgré la supériorité de son mécanisme et son originalité, n'était pourtant pas exempt de reproches. Si l'on avait parfaitement étudié son mécanisme de fermeture il n'en avait pas été de même du mécanisme de répétition.

Cette question encore peu connue avait été hâtivement résolue par l'adaptation à notre fusil du magasin tubulaire du fusil modèle 1878 Kropatcheck de la marine. On considérait en effet, à cette époque, l'emploi de la répétition comme tout à fait exceptionnel et réservé à la période décisive du combat, et l'on n'avait pas entrevu la complication qu'on allait introduire dans la manœuvre et dans l'emploi de l'arme, par suite de ce double genre de feu.

Cet inconvénient n'échappa pas aux autres nations, qui adoptèrent, pour leur nouvel armement, notre mécanisme de culasse, mais se gardèrent bien d'emprunter notre système de répétition.

Dès 1888, il se forma par suite, dans le monde entier, un courant d'opinion en faveur d'armes plus légères que notre fusil 1886 et munies d'un mécanisme à répétition qui répondait à une tout autre conception du tir.

En France, le fusil était une arme à chargement lent, puisque l'introduction des cartouches soit dans la chambre soit dans le tube-magasin, se fait une par une ; à l'étranger, au contraire, on voulait une arme à chargement rapide, qu'on obtenait facilement au moyen du chargement multiple, c'est-à-dire en introduisant, à la fois, plusieurs cartouches dans le magasin. Enfin, on voulait une arme à mode de tir unique susceptible de tirer à tous les degrés de vitesse.

De ces principes, sont sorties toutes les armes à chargeurs et à lame-chargeurs de la période actuelle. Leur chargement est autrement simple et rapide que celui des armes à magasin tubulaire. Ce mode de chargement apporte dans l'instruction du soldat une simplification très appréciable. Il suffit d'avoir instruit une troupe d'infanterie avec le fusil 1886 pour constater combien il est difficile d'apprendre aux hommes le maniement du levier de manœuvre, combien les gradés perdent de temps à vérifier si les boutons quadrillés des armes sont à la position « avant » ou à la position « arrière » suivant qu'on passe d'un genre de tir à l'autre.

Les nations étrangères de 1888 ont donc adopté des armes à chargeurs et à lame-chargeurs, et actuellement pas une puissance militaire, même de second ordre, n'a maintenu en service une arme à magasin tubulaire. La France seule conserve un système démodé, qui n'est plus à hauteur de la simplification actuellement indispensable des procédés d'instruction du soldat.

En 1898 la France reconnaissant l'infériorité de son fusil adopta une munition nouvelle (cartouche M^le 1886 D) permettant de réaliser une augmentation de puissance balistique. On put ainsi maintenir à notre fusil la supériorité balistique qu'il avait acquise dès sa création. Mais la cartouche 1886 D a l'inconvénient de se prêter très mal, à cause de sa forme en pointe, au chargement dans un magasin tubulaire. Les cartouches se coincent souvent entre elles, et les balles enrayent le mécanisme à répétition.

En résumé, le fusil 1886 a été dépassé aussitôt après son adoption par les fusils des autres puissances étrangères ; malgré les perfectionnements apportés à ses qualités balistiques, il est actuellement d'une *infériorité marquée* sous le rapport du mécanisme. En outre, les modifications successives dont cette arme a été l'objet (modifications à la hausse, à la tête mobile, adjonction d'un tam-

pon-masque, placement des planches de hausse
neuve pour le tir de la balle D, retaillage des gra-
dins, etc.) ont affaibli la solidité de l'arme et diminué sa valeur. La mise en service de la balle D
réduisant les tolérances sur l'usure et l'agrandissement des canons, augmente chaque jour le
nombre des armes à mettre au rebut.

Le fusil 1886 est une arme fatiguée dont le remplacement prochain doit être envisagé.

Quelle devra être l'arme nouvelle ?

Elle devra être d'un mécanisme aussi simple
que possible. Le chargement automatique donnant
le maximum de simplification, c'est vers une arme
automatique que doivent être dirigées les recher-
ches. Avec la réduction du service militaire, cette
simplification dans l'apprentissage du fantassin
s'impose. En outre, l'arme à chargement automatique susceptible de tirer à tous les degrés de
vitesse fournit des feux qui répondent parfaitement au caractère actuel du feu d'infanterie ;
rafales courtes, intenses, instantanées ; facilité
de nuancer le feu par sa durée et son intensité.
Enfin l'arme nouvelle doit présenter par rapport
au fusil M^{le} 1886 un ensemble de perfectionnements balistiques (pénétration, tension, portée,
etc.) tels qu'il ne puisse être dépassé de longtemps. L'opération de réfection d'un armement
est en effet une opération trop coûteuse pour
qu'elle puisse être renouvelée souvent.

CONCLUSION

A chaque jour suffit sa tâche. Si l'administration de la Guerre, s'inspirant enfin de la générosité patriotique qui, depuis tant d'années, dicte les votes du Parlement, chaque fois que celui-ci est appelé à se prononcer sur les choses de l'armée, se décidait à corriger les abus et à combler les lacunes signalées dans les chapitres qui précèdent (comme à réparer les graves erreurs expliquées dans mon livre *Sommes-nous défendus ?*) elle n'aurait certes pas encore rempli tout son devoir, car je n'ai pas tout dit et il me reste bien des imperfections à faire ressortir...

Mais du moins elle aurait montré que sur les points essentiels déjà elle est d'accord avec la nation.

Rien n'est plus urgent en effet et rien ne sera plus efficace, — pour annihiler les efforts monstrueux des hommes qui essaient de saper en France les bases du patriotisme et de faire de toutes nos classes de conscrits autant de bandes antimilita-

ristes, — que de travailler enfin sérieusement à
protéger la santé du soldat, son bien-être, et de
rendre à tous nos officiers la confiance et l'ardeur,
d'où naissent les héroïques dévouements.

C. H.

Janvier 1908.

TABLE DES MATIÈRES

ÉVREUX, IMPRIMERIE CH. HÉRISSEY ET FILS